大方廣佛華嚴經第三五卷變相

大方廣佛華嚴經

일러두기

1. 『대방광불화엄경 강설』 원문原文의 저본底本은 근세에 교정이 가장 잘 되었다고 정평이 나 있는 대만臺灣의 불타교육기금회佛陀敎育基金會에서 출판한 『화엄경소초華嚴經疏鈔』본입니다.

2. 『대방광불화엄경 강설』은 실차난타實叉難陀가 695년부터 699년까지 4년에 걸쳐 번역해 낸 80권본卷本 『대방광불화엄경』을 우리말로 옮기고 강설을 붙인 것입니다.

3. 『대방광불화엄경』은 애초 산스크리트에서 한역漢譯된 경전이지만 현재 산스크리트본은 소실된 상태입니다. 산스크리트를 음차한 경우 굳이 원래 소리를 표기하려고 하기보다는 『표준국어대사전』이나 『불교사전』 등에 등재된 한자음을 사용하는 것을 원칙으로 하였습니다.

4. 경문의 한글 번역은 동국역경원본을 참고하여 그대로 또는 첨삭을 하며 의미대로 번역하고 다듬었습니다.

5. 각 품마다 내용에 따라 단락을 나누고 제목을 달았습니다. 단락의 제목은 주로 청량淸凉스님의 견해에 기초하였고 이통현李通玄장자의 견해를 참고로 하였습니다.

6. 『대방광불화엄경 강설』의 발행 순서는 한역 경전의 편재 순서를 기준으로 하였고 각 권은 단행본 한 권씩으로 출간될 예정이며 모두 80권으로 완간됩니다. 다만 80권본에 빠져 있는 「보현행원품」은 80권본 완역 및 강설 후 시리즈에 포함돼 추가될 예정입니다.

7. 『대방광불화엄경 강설』 안에서 불교용어를 풀이한 것은 운허스님이 저술하고 동국역경원에서 편찬한 『불교사전』을 인용하였습니다.

8. 각주의 청량스님의 소疏는 대만에서 입력한 大方廣佛華嚴經 사이트의 것을 사용하였습니다.

9. 『대방광불화엄경 강설』 입법계품에 들어가는 문수지남도는 북송北宋시대 불국佛國선사가 선재동자가 53명의 선지식을 친견하여 법을 구하는 장면을 하나하나 그림으로 그린 것입니다.

대방광불화엄경 강설
제 25 권

二十五. 십회향품+廻向品 3

실차난타實叉難陀 한역
무비스님 강설

서문

　"불자들이여, 보살마하살이 일체 그릇을 능히 보시하느니라. 이른바 황금 그릇에 여러 가지 보배를 가득 담고, 백은 그릇에 여러 가지 기묘한 보배를 가득 담고, 유리 그릇에 갖가지 보배를 가득 담고, 파려 그릇에 한량없는 보배장엄거리를 가득 담고, 자거 그릇에 붉은 진주를 가득 담았느니라."

　"마노 그릇에 산호와 마니주 보배를 가득 담고, 백옥 그릇에 아름다운 음식을 가득 담고, 전단 그릇에 하늘의 의복을 가득 담고, 금강 그릇에 여러 가지 묘한 향을 가득 담고, 무량무수한 가지각색 보배 그릇에 무량무수한 가지각색 보배를 가득 담았느니라."

　"이와 같은 일체 보배 그릇을 혹 부처님께 보시하나니, 부처님의 복밭이 부사의함을 믿는 연고입니다. 보살께 보시하나니, 선지식을 만나기 어려움을 아는 연고입니다. 거룩한 스님께 보시하나니, 부처님 법이 세상에 오래 머물게 하는 연고입니다. 성문과 벽지불에게 보시하나니, 모든 성인에게 청정한 신심을 내는 연고입니다."

"부모에게 보시하나니, 존중하는 연고입니다. 스승에게 보시하나니, 항상 인도하사 성인의 가르침을 의지하여 공덕을 닦게 하는 연고입니다. 하열下劣하고 빈궁하고 외로운 이에게 보시하나니, 대자대비한 눈으로 중생들을 평등하게 보는 연고며 과거 미래 현재의 모든 보살의 보시바라밀다를 만족케 하려는 연고입니다."

"여러 가지 물건으로 모든 사람에게 보시하되, 마침내 모든 중생들을 버리지 아니하는 연고입니다."

2015년 4월 1일

신라 화엄종찰 금정산 범어사

如天 無比

대방광불화엄경 목차

대방광불화엄경 강설 제25권

二十五. 십회향품十廻向品 3

4. 금강당보살이 열 가지 회향을 설하다

대방광불화엄경 강설

제25권

二十五. 십회향품 3

4. 금강당보살이
   열 가지 회향을 설하다

7) 제5 무진공덕장회향無盡功德藏廻向

(1) 보살의 열 가지 선근

불자 운하위보살마하살 무진공덕장회
佛子야 云何爲菩薩摩訶薩의 無盡功德藏廻

향 불자 차보살마하살 이참제일체제업중
向고 佛子야 此菩薩摩訶薩이 以懺除一切諸業重

장 소기선근 예경삼세일체제불 소기
障하야 所起善根과 禮敬三世一切諸佛하야 所起

선근 권청일체제불설법 소기선근
善根과 勸請一切諸佛說法하야 所起善根과

"불자들이여, 무엇을 보살마하살의 다함이 없는 공덕
을 저장한[藏] 회향이라 하는가. 불자들이여, 이 보살마하살이 일체 모든 업의 중대한 장애를 참회하고 일으킨 선근과, 삼세의 일체 부처님께 예경하고 일으킨 선근과, 일체 모든 부처님께 설법하시기를 권청하여 일으킨 선근이 있느니라."

십회향 중에서 다섯 번째는 무진공덕장회향無盡功德藏廻向이다. 즉 다함이 없고 끝이 없는 공덕을 저장하고 있는 회향이다. 사람 사람의 진여생명은 본래로 다함이 없고 끝이 없는 공덕을 저장하고 있다. 그 이치를 근본으로 하여 여러 가지 선근을 닦아서 생긴 내용들을 밝힌다.

먼저 일체 모든 업장을 참회하여 생긴 선근이 무진장으로 저장되어 있다. 다음은 삼세의 일체 부처님을 예경하여 생긴 선근이다. 또 다음은 일체 모든 부처님께 설법하여 주기를 권청하여 생긴 선근이다. 이러한 선근이 무진장으로 가득가득 저장되어 있다. 다른 사람에게 정성껏 예경을 다하거나 법을 물어서 가르쳐 주기를 청하는 일은 그와 같은 큰 선근 공덕이 된다. 명심해야 할 일이다. 보현보살의 십대서원 가운데 참제업장懺除業障과 예경제불禮敬諸佛과 권청설법勸請說法을 들었다.

문불설법 정근수습 오부사의광대경
聞佛說法하고 精勤修習하야 悟不思議廣大境

계 소기선근 어거래금일체제불일체중생
界하야 所起善根과 於去來今一切諸佛一切衆生

소유선근 개생수회 소기선근
의 所有善根에 皆生隨喜하야 所起善根과

"부처님이 법문 말씀하심을 듣고 부지런히 수행하여 부사의하고 넓고 큰 경계를 깨닫고 일으킨 선근과, 과거 미래 현재의 일체 모든 부처님과 일체 중생에게 있는 선근을 다 따라서 기뻐하고 일으킨 선근이 있느니라."

다음은 법문을 듣고 들은 대로 수행하여 불가사의한 법의 세계를 깨닫고 생긴 선근이다. 또 다음은 과거 미래 현재의 모든 부처님에게 있는 선근과 일체 중생에게 있는 선근을 다 따라서 기뻐하고 일으킨 선근이다. 즉 다른 이에게 있는 선근을 따라 기뻐하기만 해도 큰 선근이 된다. 반대로 남이 잘되는 것을 보고 질투하거나 시기를 내면 큰 복을 소멸하게 되어 업장이 무거워진다는 사실을 가르친 것이다. 수희공

덕이니 수희찬탄이니 하는 말이 얼마나 아름다운 말인지 알아야 할 것이다. 그리고 그것이 자신에게 또 다른 큰 공덕이 된다는 것도 알아야 할 것이다. 복을 짓고 공덕을 닦는 일은 이와 같이 마음을 열고 남을 배려하기만 해도 얼마든지 가능하다. 보현보살의 법공양 중에서 여법수행如法修行과 수희찬탄隨喜讚歎을 들었다.

거래금세일체제불　선근무진　제보살중
去來今世一切諸佛의 善根無盡을 諸菩薩衆이

정근수습　소득선근　삼세제불　성등정각
精勤修習하야 所得善根과 三世諸佛이 成等正覺

전정법륜　조복중생　보살　실지　발
하사 轉正法輪하사 調伏衆生을 菩薩이 悉知하야 發

수희심　소생선근
隨喜心하야 所生善根과

"과거 미래 현재의 일체 모든 부처님의 선근이 다함이 없는 것을 모든 보살들이 부지런히 닦아서 얻는 선근과, 삼세 모든 부처님들이 등정각을 이루고 정법의 바퀴를 운전하여 중생들을 조복하는 것을 보살이 모두 알고 따라서 기뻐하는 마음을 내어서 생긴 선근이 있느 니라."

다음은 부처님이 가진 선근을 보살들이 부지런히 닦아서 얻은 선근이다. 다른 사람에게 훌륭한 점이 있으면 그것을 따라서 함께하면 큰 선근이 쌓인다. 또 세존이 정각을 이루 어 정법을 설하시고 중생들을 교화 조복한 일을 보살이 잘 알아 따라서 기뻐하는 마음을 내기만 해도 선근은 저절로 생긴다. 이것은 큰 신심이다. 이와 같은 신심이 있는 사람이 라면 부처님의 일생을 다 따라서 기뻐할 것이다.

삼 세 제 불   종 초 발 심   수 보 살 행   성 최
三世諸佛이 從初發心으로 修菩薩行하사 成最

정 각   내 지 시 현 입 반 열 반   반 열 반 이
正覺하시며 乃至示現入般涅槃하시고 般涅槃已에

정 법 주 세   내 지 멸 진   어 여 시 등   개 생 수 희
正法住世로 乃至滅盡히 於如是等에 皆生隨喜하야

소 유 선 근
所有善根이니라

"삼세의 모든 부처님들이 처음 발심하여 보살의 행을 닦고 정각을 이루며, 내지 열반에 드심을 나타내 보이고, 열반에 드신 뒤에는 바른 법이 세상에 머물러 있으며, 내지 법이 다하여 없어지기까지 이와 같은 등의 일에 대하여 다 따라 기뻐하는 마음을 내어서 생긴 선근들이 있느니라."

또한 과거 현재 미래 모든 부처님이 처음 발심하시고 수행하시어 비로소 정각을 성취하여 중생을 교화하고 조복하신 일과 또 열반을 보이시고 열반에 드신 뒤에 사리를 봉안하여 부처님을 대신해서 예배하고 다시 정법이 세상에 널리 전파되는 등 이와 같은 불교의 모든 역사를 낱낱이 따라 기뻐한다면 그 선근은 끝이 없으리라.

우리 불자들에게는 기본적으로 이와 같은 선근이 이미 무진장으로 자신의 창고 속에 가득가득 저장되어 있다. 그래서 지금 이대로 인생의 보물이 하늘 가득히 쏟아지고 있다. 사람들은 각자의 그릇을 따라 이익을 얻는다.

(2) 보살의 불국토佛國土 장엄

보살　여시념불가설제불경계　급자경계
菩薩이 如是念不可說諸佛境界와 及自境界와

내지보리무장애경　여시광대무량차별
乃至菩提無障礙境하나니 如是廣大無量差別인

일체선근　범소적집　범소신해　범소수희
一切善根의 凡所積集과 凡所信解와 凡所隨喜와

범소원만　범소성취　범소수행　범소획득
凡所圓滿과 凡所成就와 凡所修行과 凡所獲得과

범소지각　범소섭지　범소증장　실이회향
凡所知覺과 凡所攝持와 凡所增長으로 悉以廻向

장엄일체제불국토
하야 莊嚴一切諸佛國土니라

"보살이 이와 같이 말할 수 없는 모든 부처님의 경계와 자기의 경계와 내지 보리의 장애 없는 경계를 생각하나니, 이와 같이 광대하고 한량없이 차별한 일체 선근으로 쌓아 모은 것이나, 믿고 이해한 것이나, 따라서 기뻐한 것이나, 원만한 것이나, 성취한 것이나, 수행한 것이나, 얻은 것이나, 깨달은 것이나, 거두어 지닌 것이나, 증장한 것을 모두 회향하여 일체 모든 부처님의 국토를 장엄하느니라."

보살이 불국토를 장엄한다는 것은 우리가 사는 생활 환경 전체를 청정하게 정화한다는 뜻이다. 정치 환경과 교육 환경과 종교 환경과 경제 환경과 아울러 자연 환경까지 모두를 정직하고 배려가 넘쳐나고 맑고 향기롭고 청정하게 정화하는 것이 불국토를 장엄하는 것이다. 보살이 쌓은 일체 선근으로 자신에게서 이웃으로, 그리고 더 넓은 세상을 향해 널리 청정하게 하려는 것이 보살의 서원이다.

(3) 과거세의 부처님이 장엄한 세계

여 과 거 세 무 변 제 겁　　일 체 세 계　　일 체 여 래
如過去世無邊際劫에 **一切世界**가 **一切如來**의

소 행 지 처　　소 위 무 량 무 수 불 세 계 종　　불 지 소 지
所行之處니 **所謂無量無數佛世界種**의 **佛智所知**

보 살 소 식　　대 심 소 수　　장 엄 불 찰
와 **菩薩所識**과 **大心所受**인 **莊嚴佛刹**이니라

"과거세상의 끝없는 겁의 일체 세계가 일체 여래의

행하시던 곳이니, 이른바 한량없고 수가 없는 세계종世界種이 부처님의 지혜로 아시는 바이며, 보살의 아는 바이며, 큰마음으로 받아들여 세계를 장엄함이니라."

한량없고 수가 없는 세계종世界種이란 대략 우리가 속해 있는 3천억 개의 별들로 이뤄진 이런 은하가 다시 3천억 개 정도 된다는 말이다. 그런 것이 한량없고 수가 없다고 하였다. 그 많은 곳이 모두 여래가 행하신 곳이다. 그것이 모두 부처님의 지혜로 아는 바이며, 보살이 아는 바이며, 큰마음으로 받아들여 세계를 장엄한 것이다. 큰 깨달음이라는 한마음의 크기와 그 작용은 이와 같다.

청정업행　소류소인　응중생기　여래신
淸淨業行의 所流所引이며 應衆生起며 如來神

력지소시현　제불출세　정업소성　보현보
力之所示現이며 諸佛出世한 淨業所成이며 普賢菩

살　묘행소흥　일체제불　어중성도　시현
薩의 妙行所興이니 一切諸佛이 於中成道하사 示現

종 종 자 재 신 력
種種自在神力하시니라

"청정한 업業과 행行으로 흘러나오고 이끌어 온 것이
며, 중생에 응하여 일어난 것이며, 여래의 신력으로 나
타내 보인 것이며, 모든 부처님들의 세간에 출현하신 청
정한 업으로 이룬 것이며, 보현보살의 미묘한 행으로 일
으킨 것이니, 일체 모든 부처님이 이 가운데서 성도하시
고 가지가지 자재한 신력을 나타내 보이시었느니라."

3천억 개의 별들로 이뤄진 은하가 다시 3천억 개나 되는
한량없고 수가 없는 그 많고 많은 세계는 "청정한 업業과 행
行으로 흘러나오고 이끌어 온 것이며, 중생에 응하여 일어난
것이며, 여래의 신력으로 나타내 보인 것이며, 모든 부처님들
의 세간에 출현하신 청정한 업으로 이룬 것이며, 보현보살의
미묘한 행으로 일으킨 것"이다. 그 모든 곳에서 일체 부처님
이 성도하시고 가지가지 자재한 신력을 나타내 보였다. 이
것이 과거 부처님이 세계를 장엄한 것이다.

(4) 미래세의 부처님이 장엄한 세계

진미래제   소유여래응정등각   변법계주
盡未來際의 **所有如來應正等覺**이 **徧法界住**하사

당성불도   당득일체청정장엄공덕불토
當成佛道하고 **當得一切淸淨莊嚴功德佛土**하사대

진법계허공계   무변무제   무단무진   개종
盡法界虛空界에 **無邊無際**하며 **無斷無盡**하니 **皆從**

여래지혜소생   무량묘보지소장엄
如來智慧所生이며 **無量妙寶之所莊嚴**이니라

"오는 세월이 끝날 때까지 계시는 여래如來 응공應供 정
등각正等覺께서 법계에 가득하게 머무시면서 장차 불도佛
道를 이루실 것이며, 마땅히 일체 청정하게 장엄한 공덕
의 불토를 얻을 것이니라. 온 법계 허공계에 끝없고 경
계가 없으며, 끊이지 않고 다함이 없을 것이며, 다 여래
의 지혜로 생긴 한량없는 아름다운 보배로 장엄할 것이
니라."

미래의 한량없는 여래가 온 법계에 머무시면서 불도를 이
루고 세계를 장엄하는 내용을 밝혔다. 미래의 여래가 세계를
장엄하는 것은 온 법계 허공계에 끝없고 경계가 없으며 영원

히 계속하여 끊이지 않고 다함이 없을 것이다. 다 여래의 지
혜로 생긴 한량없는 아름다운 보배로 장엄할 것이다.

所謂一切香莊嚴과 一切華莊嚴과 一切衣莊
嚴과 一切功德藏莊嚴과 一切諸佛力莊嚴과 一切
佛國土莊嚴이라 如來所都며 不可思議同行宿緣
諸淸淨衆이 於中止住하야 未來世中에 當成正覺
하리니 一切諸佛之所成就라 非世所覩요 菩薩淨眼
이라야 乃能照見이니라

"이른바 온갖 향으로 장엄하고, 온갖 꽃으로 장엄하
고, 온갖 옷으로 장엄하고, 온갖 공덕장功德藏으로 장엄
하고, 온갖 부처님의 힘으로 장엄하고, 온갖 부처님의
국토로 장엄하는 것이니라. 여래의 도읍하신 바요, 지

난 세상에 함께 수행하던 불가사의한 모든 청정 대중이 그 가운데 있으며 오는 세상에 정각을 이루실 모든 부처님의 성취하시는 바이니라. 세상 사람으로는 볼 수 없고 보살의 청정한 눈으로만 능히 보는 것이니라."

미래의 여래가 세계를 장엄하는 종류와 내용을 밝혔다. 일체 향 장엄과 꽃 장엄과 옷 장엄과 공덕장 장엄과 부처님 힘의 장엄과 불국토 장엄이다. "여래의 도웁하신 바요, 지난 세상에 함께 수행하던 불가사의한 모든 청정 대중이 그 가운데 있으며 오는 세상에 정각을 이루실 모든 부처님의 성취하시는 바이다."라고 하였다.

차 제 보 살   구 대 위 덕   숙 식 선 근   지 일
此諸菩薩이 具大威德하야 宿植善根일새 知一

체 법   여 환 여 화   보 행 보 살 제 청 정 업   입 부
切法이 如幻如化하며 普行菩薩諸淸淨業하며 入不

사 의 자 재 삼 매   선 교 방 편   능 작 불 사   방
思議自在三昧하며 善巧方便으로 能作佛事하며 放

불 광 명　　보 조 세 간　　무 유 한 극
佛光明하야 **普照世間**을 **無有限極**하나라

"이 보살들이 큰 위덕을 갖추고 숙세에 선근을 심었
으리니 일체 법이 환영과 같고 변화와 같음을 알며, 보
살의 모든 청정한 업을 널리 행하며, 부사의하게 자재
한 삼매에 들어가 공교한 방편으로 불사佛事를 지으며,
부처님이 광명을 놓아 세간을 널리 비추되 한정된 끝이
없느니라."

미래의 여래가 세계를 장엄하는 내용을 볼 수 있는 보살
들의 덕행을 밝혔다. 모두가 큰 위덕을 갖추고 숙세에 선근
을 심은 보살들의 덕행이다.

(5) 현재세의 부처님이 장엄한 세계

현 재 일 체 제 불 세 존　　실 역 여 시 장 엄 세 계
現在一切諸佛世尊도 **悉亦如是莊嚴世界**하사대

무 량 형 상　　무 량 광 색　　실 시 공 덕 지 소 성 취　　무
無量形相과 **無量光色**이 **悉是功德之所成就**며 **無**

량 향　　무 량 보　　무 량 수　　무 수 장 엄　　무 수 궁 전
量香과 **無量寶**와 **無量樹**와 **無數莊嚴**과 **無數宮殿**과

무 수 음 성
無數音聲이며

"현재에 계신 일체 모든 부처님 세존도 다 또한 이와 같이 세계를 장엄하시니, 한량없는 형상과 한량없는 광명이 모두 공덕으로 이루어진 것이니라. 한량없는 향과 한량없는 보배와 한량없는 나무와 수없는 장엄과 수없는 궁전과 수없는 음성이니라."

과거세와 미래세의 부처님이 장엄한 세계에 이어 현재세의 부처님이 장엄한 세계에 대해서 밝혔다. 한량없는 형상과 한량없는 광명이 모두 공덕으로 이루어졌으며 향과 보배와 나무와 장엄과 궁전, 음성 등이다.

수 순 숙 연 제 선 지 식　　　시 현 일 체 공 덕 장 엄
隨順宿緣諸善知識하야 **示現一切功德莊嚴**호대

무유궁진　　소위일체향장엄　　일체만장엄
無有窮盡하니 所謂一切香莊嚴과 一切鬘莊嚴과

일체말향장엄　　일체보장엄　　일체번장엄
一切末香莊嚴과 一切寶莊嚴과 一切幡莊嚴과

일체보증채장엄　　일체보난순장엄　　아승지
一切寶繒綵莊嚴과 一切寶欄楯莊嚴과 阿僧祇

금망장엄　　아승지하장엄　　아승지운우장엄
金網莊嚴과 阿僧祇河莊嚴과 阿僧祇雲雨莊嚴과

아승지음악　　주미묘음
阿僧祇音樂이 奏微妙音하니라

"또 지난 세상 인연의 모든 선지식을 수순하여 일체
공덕의 장엄을 나타내 보인 것이 그지없느니라. 이른바
온갖 향 장엄과 일체 꽃다발 장엄과 일체 가루향 장엄
과 일체 보배 장엄과 일체 깃발 장엄과 일체 보배채단
繒綵 장엄과 일체 보배난간 장엄과 아승지 금그물 장엄
과 아승지 강 장엄과 아승지 구름과 비 장엄과 아승지
음악으로 미묘한 소리를 연주하는 것이니라."

또 선지식을 수순하여 일체 공덕의 장엄을 나타내 보인

것이 그지없다고 하였다. 일체 향과 꽃다발과 보배와 가루
향 등등이다.

(6) 세계 속에 있는 부처님의 국토

여 시 등 무 량 무 수 장 엄 지 구 　 장 엄 일 체 진 법
如是等無量無數莊嚴之具로 **莊嚴一切盡法**

계 허 공 계 　 시 방 무 량 종 종 업 기 　 불 소 요 지 　 불
界虛空界에 **十方無量種種業起**한 **佛所了知**와 **佛**

소 선 설 　 일 체 세 계
所宣說인 **一切世界**니라

"이와 같이 한량없고 수없는 장엄거리로 일체 법계
허공세계에 가득한 온갖 세계를 장엄하였으니, 시방의
한량없는 갖가지 업으로 일어났으며, 부처님의 아시는
바이며 부처님이 말씀하시는 일체 세계들이었느니라."

위에서 밝힌 바와 같은 한량없고 수없는 장엄거리로 장
엄된 일체 법계 허공세계에 가득한 온갖 세계, 즉 온갖 부처
님의 국토를 밝혔다.

기중소유일체불토　　소위장엄불토　　청정
其中所有一切佛土가 所謂莊嚴佛土와 淸淨

불토　평등불토　　묘호불토　　위덕불토　　광대
佛土와 平等佛土와 妙好佛土와 威德佛土와 廣大

불토　안락불토　　불가괴불토　　무진불토　　무
佛土와 安樂佛土와 不可壞佛土와 無盡佛土와 無

량불토　무동불토　　무외불토　　광명불토
量佛土와 無動佛土와 無畏佛土와 光明佛土와

"그 가운데에 있는 일체 부처님 국토들은 이른바 장
엄한 부처님 국토와 청정한 부처님 국토와 평등한 부처
님 국토와 아름다운 부처님 국토와 위덕이 있는 부처님
국토와 광대한 부처님 국토와 안락한 부처님 국토와 깨
뜨릴 수 없는 부처님 국토와 다함이 없는 부처님 국토
와 한량이 없는 부처님 국토와 동하지 않는 부처님 국
토와 두려움 없는 부처님 국토와 광명한 부처님 국토와"

무위역불토　　가애락불토　　보조명불토　　엄
無違逆佛土와 可愛樂佛土와 普照明佛土와 嚴

호불토   정려불토   묘교불토   제일불토   승
好佛土와　精麗佛土와　妙巧佛土와　第一佛土와　勝

불토   수승불토   최승불토   극승불토   상불
佛土와　殊勝佛土와　最勝佛土와　極勝佛土와　上佛

토   무상불토   무등불토   무비불토   무비유
土와　無上佛土와　無等佛土와　無比佛土와　無譬喩

불토
佛土니라

　"어기지 않는 부처님 국토와 사랑스러운 부처님 국토
와 널리 비치는 부처님 국토와 훌륭한 부처님 국토와
화려한 부처님 국토와 교묘한 부처님 국토와 제일가는
부처님 국토와 수승한 부처님 국토와 아주 수승한 부처
님 국토와 가장 수승한 부처님 국토와 지극히 수승한
부처님 국토와 높은 부처님 국토와 가장 높은 부처님
국토와 같을 것이 없는 부처님 국토와 비길 데 없는 부
처님 국토와 비유할 수 없는 부처님 국토이었느니라."

　여러 가지 부처님 국토들이다. 따로따로 나타난 장엄이
29종이다. 본체와 덕의 작용을 따라 이름을 세운 것이 같지
않다. 사람들이 사는 주거 환경도 재료와 용도와 목적 등이

다르므로 그 이름을 달리할 수 있는 것과 같다.

(7) 모든 부처님의 국토를 선근으로 회향하다

여시과거미래현재일체불토　소유장엄　보
如是過去未來現在一切佛土의 **所有莊嚴**을 **菩**

살마하살　이기선근　발심회향　원이여시
薩摩訶薩이 **以己善根**으로 **發心廻向**호대 **願以如是**

거래현재일체제불　소유국토청정장엄　실
去來現在一切諸佛의 **所有國土清淨莊嚴**으로 **悉**

이장엄어일세계
以莊嚴於一世界호대

　"이와 같은 과거 미래 현재의 일체 부처님 국토에 있
는 장엄을 보살마하살이 자기의 선근으로 발심하여 회
향하되 '원컨대 이와 같은 과거 미래 현재의 일체 부처
님이 가지신 국토의 청정한 장엄으로써 모두 한 세계를
장엄하되,

여피일체제불국토　　소유장엄　　　개실성취
如彼一切諸佛國土의 所有莊嚴하야 皆悉成就

　　　개실청정　　개실취집　　　개실현현　　　개실
하며 皆悉淸淨하며 皆悉聚集하며 皆悉顯現하며 皆悉

엄호　　　개실주지　　여일세계　　　여시진법계
嚴好하며 皆悉住持니 如一世界하야 如是盡法界

허공계　　일체세계　　실역여시　　　삼세일체제
虛空界의 一切世界도 悉亦如是하야 三世一切諸

불국토　　종종장엄　　개실구족
佛國土의 種種莊嚴을 皆悉具足하니라

저 일체 모든 부처님의 국토에 있는 장엄을 모두 성
취하고, 모두 청정하고, 모두 모으고, 모두 나타내고,
모두 훌륭하게 하고, 모두 머물러 지닐 것이니라. 저 한
세계와 같이 이와 같이 온 법계 허공계의 일체 세계도
다 또한 이와 같이 하여 삼세의 일체 모든 부처님 국토
의 갖가지 장엄을 모두 다 구족하여지이다.'라고 하느
니라."

이와 같은 과거 미래 현재의 일체 부처님 국토에 있는 장
엄을 보살마하살이 자기의 선근으로 발심하여 회향하는 내

용을 밝혔다. '부처님이 가지신 국토의 청정한 장엄으로써 모두 한 세계를 장엄하듯이 온 법계 허공계의 일체 세계들도 다 또한 이와 같이 하여 삼세의 일체 모든 부처님 국토의 갖 가지 장엄을 모두 다 구족하여지이다.'라고 하였다.

(8) 국토에 충만한 보살들의 덕행을 원하다

불 자　보 살 마 하 살　부 이 선 근　　여 시 회 향
佛子야 **菩薩摩訶薩**이 **復以善根**으로 **如是廻向**

원 아 소 수 일 체 불 찰　제 대 보 살　개 실 충 만
호대 **願我所修一切佛刹**에 **諸大菩薩**이 **皆悉充滿**하며

"불자들이여, 보살마하살이 다시 선근으로 이와 같이 회향하면서 원하기를 '내가 닦은 바 모든 부처님의 국 토에 큰 보살들이 충만하여지이다.'

보살들이 다시 선근으로 이와 같이 회향하면서 서원하는 내용을 밝혔다. 먼저 일체 세계에 모든 큰 보살들이 충만하 기를 서원하고 다음은 그 보살들의 덕행이 수승하기를 서원 한다.

기 제 보 살   체 성 진 실   지 혜 통 달   선 능
其諸菩薩이 體性眞實하며 智慧通達하며 善能

분 별 일 체 세 계   급 중 생 계   심 입 법 계   급 허
分別一切世界와 及衆生界하며 深入法界와 及虛

공 계   사 리 우 치   성 취 염 불   염 법 진 실
空界하며 捨離愚癡하며 成就念佛하며 念法眞實하야

불 가 사 의   염 승 무 량   보 개 주 변
不可思議하며 念僧無量하야 普皆周徧하며

'그 보살들은 성품이 진실하고 지혜가 통달하며, 일
체 세계와 중생계를 잘 분별하고, 법계와 허공계에 깊
이 들어가서 어리석음을 버리며, 부처님 생각함을 성취
하며, 법이 진실하여 불가사의함을 생각하고, 스님이 한
량없이 두루 가득한 줄을 생각하여지이다.'

보살들이 다시 선근으로 회향하면서 서원하는 내용이 이
어진다. 일체 세계에 가득한 보살들이 성품이 진실하고 지혜
가 통달하며, 일체 세계와 중생계를 잘 분별하고, 법계와 허
공계에 깊이 들어가서 어리석음을 버리며, 부처님과 법과 스
님을 생각하기를 서원한다.

역념어사　　법일원만　　지광보조　　견무
亦念於捨하며 法日圓滿하며 智光普照하야 見無

소애　　　종무득생　　생제불법　　위중승상선
所礙하며 從無得生하야 生諸佛法하며 爲衆勝上善

근지주　　발생무상보리지심　　주여래력
根之主하며 發生無上菩提之心하며 住如來力하며

취살바야　　파제마업　　정중생계　　심입법
趣薩婆若하며 破諸魔業하며 淨衆生界하며 深入法

성　　　영리전도　　선근대원　　개실불공　　여
性하야 永離顚倒하고 善根大願이 皆悉不空이니 如

시보살　충만기토　　생여시처　　유여시덕
是菩薩이 充滿其土하야 生如是處하며 有如是德하야

'또한 버리는[捨] 것을 생각하며, 법의 태양[法日]이 원
만하여 지혜의 빛이 널리 비치어 보는 데 장애가 없으
며, 생겨날 것이 없는 데로부터 모든 부처님의 법을 내
어 여러 가지 수승하고 높은 선근의 주인이 되며, 위없
는 보리심을 내고 여래의 힘에 머물러 일체 지혜에 나
아가며, 모든 마군들의 업을 깨뜨리고 중생의 세계를
청정케 하며, 법의 성품에 깊이 들어가 전도顚倒를 영원
히 여의고, 선근과 큰 원이 모두 헛되지 아니하며, 이와

같은 보살들이 그 국토에 충만하여 이와 같은 곳에 태어나서 이와 같은 덕德이 있어지이다.'

보살들이 다시 선근으로 회향하면서 서원하는 내용으로 버리는[捨] 것이란 번뇌를 버리는 것과 베푸는 것을 의미한다. 생겨날 것이 없는 데로부터 모든 부처님의 법을 낸다는 것은 부처님의 그 많고 많은 법은 실로 생겨날 것도 없고 사라질 것도 없는 이치이다. 그러면서 그 법으로부터 여러 가지 수승하고 높은 선근의 주인이 되기를 서원하고, 또한 보리심을 내고 여래의 힘에 머물러 일체 지혜에 나아가기를 서원한다. 보살은 선근으로 회향할 때에 보살들이 이와 같아지기를 서원한다.

상 작 불 사   득 불 보 리   청 정 광 명   구 법
常作佛事하야 得佛菩提하며 淸淨光明으로 具法

계 지   현 신 통 력   일 신   충 만 일 체 법 계
界智하며 現神通力하야 一身이 充滿一切法界하며

득 대 지 혜 　　입 일 체 지 소 행 지 경　　선 능 분 별
得大智慧하야 入一切智所行之境하며 善能分別

무 량 무 변 법 계 구 의　　어 일 체 찰　개 무 소 착
無量無邊法界句義하며 於一切刹에 皆無所着호대

이 능 보 현 일 체 불 토　　심 여 허 공　　무 유 소 의
而能普現一切佛土하며 心如虛空하야 無有所依호대

이 능 분 별 일 체 법 계　　선 능 입 출 불 가 사 의 심 심
而能分別一切法界하며 善能入出不可思議甚深

삼 매
三昧하며

　'항상 불사佛事를 지어 부처님의 보리와 청정한 광명
을 얻으며, 법계의 지혜를 갖추며, 신통력을 나타내어
서 한 몸이 모든 법계에 충만하며, 큰 지혜를 얻고 온갖
지혜로 행하는 경계에 들어가서 한량없고 끝이 없는 법
계法界의 구절과 뜻을 잘 분별하며, 일체 세계에 조금도
집착이 없으면서도 모든 부처님의 국토에 널리 나타나
며, 마음은 허공과 같아서 의지할 데가 없으면서도 능
히 일체 법계를 분별하며, 불가사의한 깊고 깊은 삼매
에 잘 들어가지이다.'

보살이 선근으로 회향할 때에 국토에 충만한 보살들의 온갖 덕행이 갖춰지기를 원하는 내용이 거듭 이어진다. 항상 불사佛事를 지어 부처님의 보리와 청정한 광명이 얻어지기를 원하며, 신통력을 나타내어서 한 몸이 모든 법계에 충만하기를 원하는 것 등이다.

취 살 바 야　주 제 불 찰　득 제 불 력　개 시
趣薩婆若하야 住諸佛刹하고 得諸佛力하야 開示

연 설 아 승 지 법　이 무 소 외　수 순 삼 세 제 불
演說阿僧祇法호대 而無所畏하며 隨順三世諸佛

선 근　보 조 일 체 여 래 법 계　실 능 수 지 일 체
善根하고 普照一切如來法界하야 悉能受持一切

불 법　지 아 승 지 제 어 언 법　선 능 연 출 불 가
佛法하며 知阿僧祇諸語言法하야 善能演出不可

사 의 차 별 음 성
思議差別音聲하며

'일체지[薩婆若]에 나아가 모든 부처님의 국토에 머물며, 모든 부처님의 힘을 얻어 아승지 법문을 열어 보여 연설하되 두려움이 없느니라. 또한 삼세 모든 부처님의

선근을 따르며, 일체 여래의 법계를 두루 비추어, 일체 부처님의 법을 능히 받아 지니며, 아승지의 모든 언어의 법을 알아 불가사의하게 차별한 음성을 능히 내어지이다.'

다시 또 일체지[薩婆若]에 나아가 모든 부처님의 국토에 머물며, 모든 부처님의 힘을 얻어 아승지 법문을 열어 보여 연설하기를 원하는 등의 서원이 이어진다.

입 어 무 상 불 자 재 지   보 유 시 방 일 체 세 계
入於無上佛自在地하야 普遊十方一切世界호대

이 무 장 애   행 어 무 쟁 무 소 의 법   무 소 분 별
而無障礙하며 行於無諍無所依法하야 無所分別하야

수 습 증 광 보 리 지 심   득 선 교 지   선 지 구 의
修習增廣菩提之心하며 得善巧智하야 善知句義하고

능 수 차 제   개 시 연 설
能隨次第하야 開示演說이니라

'가장 높은 부처님의 자재한 지위에 들어가고, 시방의 모든 세계에 두루 다니되 장애가 없으며, 다툼이 없

고 의지한 데 없는 법을 행하되 분별할 것이 없으며, 보리심을 닦아 익히고 더욱 넓혀서 공교한 지혜를 얻고, 구절과 뜻을 잘 알아 차례를 따라서 열어 보여서 연설하여지이다.'

보살이 선근으로 회향할 때에 국토에 충만한 보살들의 온갖 덕행이 갖춰지기를 원하는 내용은 이와 같이 계속된다.

원 령 여 시 제 대 보 살   장 엄 기 국   충 만 분 포
願令如是諸大菩薩로 **莊嚴其國**하야 **充滿分布**

　　수 순 안 주　　　훈 수 극 훈 수　　　순 정 극 순 정
하고 **隨順安住**하야 **熏修極熏修**하며 **純淨極純淨**하야

염 연 연 적
恬然宴寂하야

'원컨대 이러한 모든 큰 보살들이 그 국토를 장엄하고 가득히 분포하여 수순하고 편안히 있으면서 닦아 익히고, 지극히 닦아 익히며, 순정하고 지극히 순정하여 화평하고 고요하여지이다.'

계속해서 보살들의 온갖 덕행이 갖춰지기를 원하는 내용
이다.

어 일 불 찰　　수 일 방 소　　개 유 여 시 무 수 무 량
於一佛刹에 隨一方所하야 皆有如是無數無量

무 변 무 등 불 가 수 불 가 칭 불 가 사 불 가 량 불 가 설
無邊無等不可數不可稱不可思不可量不可說

불 가 설 불 가 설 제 대 보 살　　주 변 충 만　　여 일 방
不可說不可說諸大菩薩이 周徧充滿하며 如一方

소　　일 체 방 소　　역 부 여 시　　여 일 불 찰　　진
所하야 一切方所도 亦復如是하며 如一佛刹하야 盡

허 공 변 법 계 일 체 불 찰　　실 역 여 시
虛空徧法界一切佛刹도 悉亦如是니라

'한 세계의 한 방소를 따라 모두 이와 같이 수없고,
한량없고, 끝없고, 짝이 없고, 셀 수 없고, 일컬을 수 없
고, 생각할 수 없고, 요량할 수 없고, 말할 수 없고, 말
할 수 없이 말할 수 없는 모든 큰 보살들이 두루 충만
하며, 한 방소와 같이 일체 방소에도 또한 다시 이와 같
이 하며, 한 세계와 같이 온 허공과 법계에 가득한 일체

세계에도 다 또한 이와 같아지이다.' 라고 하느니라."

　보살이 선근으로 회향할 때 국토에 충만한 보살들의 온갖 덕행이 갖춰지기를 원하는 내용이 한 곳에서처럼 다시 수없고, 한량없고, 끝없고, 짝이 없고, 셀 수 없고, 일컬을 수 없고, 생각할 수 없는 등의 일체 세계에서도 이와 같이 되기를 원하는 내용이다. 보살의 서원이 어느 일정한 한 방소에서만 이뤄지게 하겠는가. 한량없고 가없는 보살의 지혜와 자비에 의한 서원이다. 이와 같은 모습이 보살의 무진공덕장 회향의 뜻이다.

(9) 방편으로 회향하다

불자   보살마하살   이제선근   방편회향
佛子야 菩薩摩訶薩이 以諸善根으로 方便廻向

일체불찰   방편회향일체보살   방편회향
一切佛刹하며 方便廻向一切菩薩하며 方便廻向

일체여래   방편회향일체불보리   방편회
一切如來하며 方便廻向一切佛菩提하며 方便廻

향 일 체 광 대 원　　방 편 회 향 일 체 출 요 도
向一切廣大願하며 方便廻向一切出要道하며

"불자들이여, 보살마하살이 모든 선근으로써 일체 부처님의 세계에 방편으로 회향하며, 일체 보살에게 방편으로 회향하며, 일체 여래에게 방편으로 회향하며, 일체 부처님의 보리菩提에 방편으로 회향하며, 일체 넓고 큰 서원에 방편으로 회향하며, 일체 뛰어나는 요긴한 길[出要]에 방편으로 회향하느니라."

보살이 선근을 닦아 방편으로 회향하는 대상을 밝혔다. 일체 생사에서 뛰어나는 요긴한 길[出要]을 청량스님은 이와 같이 설하였다. "뛰어나는 요긴한 길[出要]은 소승에서는 뛰어나는 길이 오직 네 가지가 있다. 진進과 염念과 정定과 혜慧다. 37조도품助道品도 이것을 떠나지 않기 때문에 지금 역시 겸하였다. 대승의 뛰어나는 요긴한 길에는 오직 삼과三科가 있다. 사섭법과 사무량심과 십바라밀이다. 삼승三乘에서 뛰어나는 요긴한 길은 오직 지止와 관觀이다. 일승에서 뛰어나는 요긴한 길은 오직 지혜와 자비다. 그러므로 십지十地에서 다 말하기를 '대비大悲로 으뜸을 삼고 지혜로 더 나아간다.'

라고 하였다."[1]

방편회향정일체중생계　　방편회향어일체
方便廻向淨一切衆生界하며 **方便廻向於一切**

세계　　상견제불출흥어세　　방편회향상견여
世界에 **常見諸佛出興於世**하며 **方便廻向常見如**

래수명무량　　방편회향상견제불　　변주법계
來壽命無量하며 **方便廻向常見諸佛**이 **徧周法界**

　　전무장애불퇴법륜
하사 **轉無障礙不退法輪**이니라

"방편으로 회향하여 일체 중생계를 깨끗이 하며, 방
편으로 회향하여 일체 세계에서 부처님들이 세상에 출
현하심을 항상 보며, 방편으로 회향하여 여래의 수명이
한량없음을 항상 보며, 방편으로 회향하여 모든 부처님
이 법계에 가득하여 걸림 없고 물러나지 않는 법의 바
퀴를 굴리는 것을 항상 보느니라."

---

1) 言【出要】者 : 小乘出要唯有四種. 謂進, 念, 定, 慧. 三十七品不離此故. 今
亦兼有. 大乘出要唯有三科. 謂四攝, 四等及與十度. 三乘切要唯止與觀.
一乘切要唯智與悲. 故十地皆云 '大悲為首, 智慧增上'.

보살이 선근을 닦아 방편으로 회향했을 때 그 성과가 이와 같음을 밝혔다. 끝내에는 모든 부처님이 법계에 가득하여 걸림 없고 물러나지 않는 법의 바퀴를 굴리는 것을 항상 보게 된다.

(10) 이익을 이루다

불자야 菩薩摩訶薩이 以諸善根으로 如是廻向
時에 普入一切佛國土故로 一切佛刹이 皆悉清淨
하며 普至一切衆生界故로 一切菩薩이 皆悉清淨
하며 普願一切諸佛國土에 佛出興故로 一切法界
一切佛土에 諸如來身이 超然出現이니라

"불자들이여, 보살마하살이 모든 선근으로써 이와 같이 회향할 때에 일체 부처님의 국토에 두루 들어가므로 일체 부처님의 세계가 다 청정하며, 일체 중생계에 두

루 이르므로 일체 보살이 다 청정하며, 일체 모든 부처
님의 국토에 부처님께서 출현하시기를 원하므로 일체
법계 일체 부처님의 국토에 모든 여래의 몸이 초연超然
하게 출현하느니라."

보살이 선근으로 이와 같이 회향할 때에 얻는 이익을 밝
혔다. 회향으로 일체 부처님의 국토에 두루 들어가므로 일
체 부처님의 세계가 다 청정하여진다. 회향으로 일체 중생계
에 두루 이르므로 일체 보살이 다 청정하여진다. 회향으로
일체 부처님이 출현하시기를 원하므로 일체 부처님의 국토
에 모든 여래의 몸이 초연超然하게 출현하게 된다.

(11) 상을 떠난 회향

불자　보살마하살　이여시등무비회향
佛子야 菩薩摩訶薩이 以如是等無比廻向으로

취살바야　기심광대　유여허공　무유한량
趣薩婆若에 其心廣大가 猶如虛空하야 無有限量

입부사의　지일체업　급이과보　개실적
하야 入不思議하며 知一切業과 及以果報가 皆悉寂

멸　심상평등　무유변제　보능변입일체
滅하야 心常平等하야 無有邊際일새 普能徧入一切

법계
法界하나니라

　　"불자들이여, 보살마하살이 이와 같은 비길 데 없는 회향으로 일체 지혜[薩婆若]에 나아가면 마음이 광대하기가 허공과 같아서 한량이 없어 부사의한 데 들어가며, 일체 업業과 과보果報가 모두 적멸한 줄을 알며, 마음이 항상 평등하고 끝이 없어서 일체 법계에 널리 두루 들어가느니라."

　　회향에는 여러 가지 입장이 있으나 상을 떠난 회향이 가장 자주 등장한다. 보살이 선근을 닦아 중생에게나 보리에나 실제에 회향할 때 만약 회향하는 상이 남아 있으면 온전한 회향이 되지 않기 때문이다. 회향으로 일체 지혜에 나아가 마음이 광대하기가 허공과 같아지는 것이 곧 상을 떠난 회향이다. 업業과 과보果報가 모두 적멸한 줄을 아는 것도 역

시 상을 떠난 회향이다.

(12) 망심妄心을 떠나다

불자 보살마하살 여시회향시 불분별아
佛子야 菩薩摩訶薩이 如是廻向時에 不分別我

급이아소 불분별불 급이불법 불분별
와 及以我所하며 不分別佛과 及以佛法하며 不分別

찰 급이엄정 불분별중생 급이조복 불
刹과 及以嚴淨하며 不分別衆生과 及以調伏하며 不

분별업 급업과보
分別業과 及業果報하며

"불자들이여, 보살마하살이 이와 같이 회향할 때에
'나'와 '나의 것'을 분별하지 아니하며, 부처님과 부처
님 법을 분별하지 아니하며, 세계와 세계의 장엄을 분
별하지 아니하며, 중생과 중생 조복함을 분별하지 아니
하며, 업과 업의 과보를 분별하지 아니하느니라."

망심妄心을 떠난 회향을 밝혔다. 나와 나의 것과 부처님
과 부처님의 법과 세계와 세계의 장엄과 중생과 중생의 조복

과 업과 업의 과보를 분별하는 것은 모두가 망심이다. 진정한 회향은 그와 같은 분별을 떠난다.

불착어사　급사소기　불괴인　불괴과
不着於思와 **及思所起**하며 **不壞因**하고 **不壞果**하며

불취사　불취법　불위생사유분별　불위
不取事하고 **不取法**하며 **不謂生死有分別**하고 **不謂**

열반항적정　불위여래　증불경계　무유소
涅槃恒寂靜하며 **不謂如來**가 **證佛境界**하야 **無有少**

법여법동지
法與法同止니라

"생각과 생각으로 일으키는 것에 집착하지 아니하며, 인因을 깨뜨리지 않고 과果도 깨뜨리지 않으며, 일[事]을 취하지 않고 법을 취하지 않으며, 생사가 분별이 있다고 말하지 않고 열반이 항상 고요하다고 말하지 않으며, 여래가 부처님 경계를 증득하였다 말하지 않나니, 조그만 법도 법과 더불어 같이 머물지 않기 때문이니라."

또 망심을 떠난 회향은 생각에 집착하지 않는다. 인과의

이치를 어기지 않는다. 사상事狀과 법을 취하지 않는다. 생사에 분별을 논하거나 열반에 적정을 논하거나 여래가 부처님 경계를 증득하였다거나 논하지 않는다. 이것은 모두가 망심이기 때문이다.

(13) 중생에게 회향하다

불자 보살마하살 여시회향시 이제선근
佛子야 菩薩摩訶薩이 如是廻向時에 以諸善根

보시중생 결정성숙 평등교화 무
으로 普施衆生호대 決定成熟하고 平等教化하야 無

상무연 무칭량무허망 원리일체분별취
相無緣하며 無稱量無虛妄하야 遠離一切分別取

착
着이니라

"불자들이여, 보살마하살이 이와 같이 회향할 때에 모든 선근을 중생에게 보시하되, 확실하게 성숙시키고 평등하게 교화하며, 모양이 없고 연緣이 없으며, 헤아릴 수 없고 허망하지 아니하여 일체 분별과 집착을 멀리 여의었느니라."

보살이 선근을 닦아 중생에게 회향할 때에 분명하게 성숙시켜야 한다. 또 평등하게 교화해야 한다. 상을 보여서도 안 되고 인연의 멀고 가까움을 드러내어도 안 된다. 헤아릴 수 없고 허망하지 아니하여 일체 분별과 집착을 멀리 여의어야 한다. 이것이 선근을 중생에게 회향하는 원칙이다.

(14) 회향으로 덕德을 이루다

1〉 다함이 없는 선근을 얻다

보살마하살 여시회향이 득무진선근
菩薩摩訶薩이 如是廻向已에 得無盡善根하나니

소위염삼세일체제불고 득무진선근 염일
所謂念三世一切諸佛故로 得無盡善根하며 念一

체보살고 득무진선근 정제불찰고 득무
切菩薩故로 得無盡善根하며 淨諸佛刹故로 得無

진선근 정일체중생계고 득무진선근
盡善根하며 淨一切衆生界故로 得無盡善根하며

"보살마하살이 이와 같이 회향하고는 다함이 없는 선근을 얻느니라. 이른바 삼세의 일체 모든 부처님을 생각하므로 다함이 없는 선근을 얻으며, 일체 보살을 생각하므로 다함이 없는 선근을 얻으며, 모든 부처님 세계를 깨끗이 하므로 다함이 없는 선근을 얻으며, 일체 중생계를 깨끗이 하므로 다함이 없는 선근을 얻느니라."

보살이 선근을 닦아 회향하고 나서 다시 다함이 없는 선근을 얻음을 밝혔다. 한 시간을 공부한 공덕과 성과는 다시 또 공부할 수 있다는 점이다. 복을 짓는 것의 공덕과 과보도 다시 또 복을 지을 수 있다는 점이다. 선근으로 회향하는 것의 공덕도 이와 같이 계속해서 다함이 없는 선근을 지을 수 있게 된다는 것이다. 그래서 악한 일을 하는 사람은 계속해서 악한 일을 하게 되고, 선한 일을 하는 사람은 계속해서 선한 일을 하게 된다.

심 입 법 계 고　　득 무 진 선 근　　수 무 량 심 등 허
深入法界故로 **得無盡善根**하며 **修無量心等虛**

공 계 고　　득 무 진 선 근　　심 해 일 체 불 경 계 고
空界故로 **得無盡善根**하며 **深解一切佛境界故**로

득 무 진 선 근　　　어 보 살 업　　근 수 습 고　　득 무 진
得無盡善根하며 **於菩薩業**에 **勤修習故**로 **得無盡**

선 근　　　요 달 삼 세 고　　득 무 진 선 근
善根하며 **了達三世故**로 **得無盡善根**이니라

"법계에 깊이 들어가므로 다함이 없는 선근을 얻으며, 한량없는 마음을 닦아 허공계와 평등하므로 다함이 없는 선근을 얻으며, 일체 부처님의 경계를 깊이 이해하므로 다함이 없는 선근을 얻으며, 보살의 업業을 부지런히 닦으므로 다함이 없는 선근을 얻으며, 삼세를 분명하게 통달하므로 다함이 없는 선근을 얻느니라."

선근을 닦아 회향하고 나서 다시 다함이 없는 선근을 얻음을 계속해서 밝힌다. 선근을 닦아 회향하면 법계에 깊이 들어가고, 한량없는 마음을 닦아 허공계와 평등하고, 일체 부처님의 경계를 깊이 이해하는 등으로 다함이 없는 선근을 얻는다.

2〉 아我와 법法이 공한 지혜의 덕

불자 보살마하살 이일체선근 여시회
佛子야 菩薩摩訶薩이 以一切善根으로 如是廻

향시 요일체중생계 무유중생 해일체법
向時에 了一切衆生界가 無有衆生하며 解一切法이

무유수명 지일체법 무유작자 오일체법
無有壽命하며 知一切法이 無有作者하며 悟一切法이

무보특가라 요일체법 무유분쟁
無補特伽羅하며 了一切法이 無有忿諍하며

"불자들이여, 보살마하살이 일체 선근으로 이와 같이
회향할 때에 일체 중생세계에 중생이 없음을 알며, 일
체 법이 수명이 없음을 알며, 일체 법을 지은 이가 없음
을 알며, 일체 법에 보특가라補特伽羅가 없음을 깨달으며,
일체 법이 분을 내어 다툼이 없음을 아느니라."

보살이 선근으로 이와 같이 회향할 때에 아我와 법法이 공
한 지혜의 덕을 이룬다. 보특가라補特伽羅란 개인의 존재를
뜻한다. 보특가라무아無我라는 말이 있다. 인무아人無我라
는 뜻이다. 그러므로 아와 법이 공한 지혜의 덕이 된다.

관일체법　개종연기　　무유주처　　지일
觀一切法이 **皆從緣起**하야 **無有住處**하며 **知一**

체물　개무소의　　요일체찰　실무소주　관
切物이 **皆無所依**하며 **了一切刹**이 **悉無所住**하며 **觀**

일체보살행　역무처소　　견일체경계　실무
一切菩薩行이 **亦無處所**하며 **見一切境界**가 **悉無**

소유
所有니라

"일체 법이 인연으로 생긴 것이어서 있는 곳이 없음을 관찰하며, 일체 사물이 모두 의지한 데가 없음을 알며, 일체 세계가 다 머무는 데가 없음을 알며, 일체 보살의 행行도 또한 다 처소가 없음을 보며, 일체 경계가 모두 있는 것이 아님을 보느니라."

"일체 법이 인연으로 생긴 것이어서 있는 곳이 없음을 관찰한다."는 것은 법무다. 일체 법이 연기로 생기고 소멸한다는 것은 "제법은 인연으로 생기고 제법은 인연으로 소멸한다. 우리 부처님 큰 사문께서는 항상 이와 같이 설하신다."[2]

---

2) 諸法從緣生 諸法從緣滅 我佛大沙門 常作如是說.

라는 가르침에 근거한 불교의 근본 교의다.

또 "이것이 있으므로 저것이 있고, 이것이 없으므로 저것
이 없으며, 이것이 일어나므로 저것이 일어나고, 이것이 사라
지므로 저것이 사라진다."[3]라고 설하여 연기의 이치를 간
단히 밝히기도 한다. 그러므로 아와 법이 공한 지혜의 덕을
밝혔다고 한다.

3) 경계가 청정한 덕

불자 보살마하살 여시회향시 안종불견
佛子야 菩薩摩訶薩이 如是廻向時에 眼終不見

부정불찰 역부불견이상중생 무유소법
不淨佛刹하며 亦復不見異相衆生하며 無有少法이

위지소입 역무소지 이입어법 해여래
爲智所入하고 亦無少智가 而入於法하며 解如來

신 비여허공 일체공덕 무량묘법 소원
身이 非如虛空이니 一切功德과 無量妙法의 所圓

---

3) 此有故彼有 此無故彼無 此起故彼起 此滅故彼滅.

만 고 　 어 일 체 처 　 영 제 중 생 　 적 집 선 근 　 실
滿故며 **於一切處**에 **令諸衆生**으로 **積集善根**하야 **悉**

충 족 고
充足故니라

　"불자들이여, 보살마하살이 이와 같이 회향할 때에 눈으로는 마침내 부정한 세계를 보지 아니하며, 다른 형상인 중생도 보지 아니하며, 조그만 법도 지혜로 들어갈 것이 없고, 또한 조그만 지혜도 법에 들어갈 것이 없으며, 여래의 몸이 허공과 같지 않음을 아느니라. 일체 공덕과 한량없이 묘한 법으로 원만한 연고며, 일체처에서 모든 중생들로 하여금 선근을 모으게 하여 다 충족케 하는 연고이니라."

　보살이 선근으로 회향할 때 경계가 청정한 덕을 얻는 것은 눈으로는 마침내 부정한 세계를 보지 아니하며, 다른 형상인 중생도 보지 아니하는 것 등이다. 청정이란 텅 비어 공하게 본다는 의미이기도 하다.

4〉복과 지혜가 다함이 없는 덕

불자 차 보 살 마 하 살   어 염 념 중   득 불 가 설
佛子야 此菩薩摩訶薩이 於念念中에 得不可說

불 가 설 십 력 지   구 족 일 체 복 덕   성 취 청 정
不可說十力地하야 具足一切福德하며 成就淸淨

선 근   위 일 체 중 생 복 전
善根하야 爲一切衆生福田하나니라

"불자들이여, 이 보살마하살이 잠깐잠깐마다 말할 수
없이 말할 수 없는 십력十力의 지위를 얻어서 일체 복덕
을 구족하고 청정한 선근을 성취하여 일체 중생의 복전
福田이 되느니라."

보살이 선근을 닦아 회향하면 순간순간마다 말할 수 없
이 많은 부처님의 지위[十力]를 얻어서 일체 복덕을 구족한다.
또 청정한 선근을 성취하여 일체 중생의 복전이 된다. 이것이
회향의 복과 지혜가 다함없는 덕이다.

차 보 살 마 하 살   성 취 여 의 마 니 공 덕 장   수
此菩薩摩訶薩이 成就如意摩尼功德藏하야 隨

유소수　　일체낙구　　실개득고　　수소유방
有所須하야 一切樂具를 悉皆得故며 隨所遊方하야

실능엄정일체국토　　수소행처　　영불가설
悉能嚴淨一切國土하고 隨所行處하야 令不可說

불가설중생　　개실청정　　섭취복덕　　수치
不可說衆生으로 皆悉淸淨하야 攝取福德하야 修治

제행고
諸行故니라

　"이 보살마하살이 뜻대로 되는 마니공덕장을 성취하니, 필요한 대로 일체 즐길 거리를 다 얻게 되는 연고며, 다니는 곳마다 일체 국토를 깨끗이 장엄하며, 가는 곳마다 말할 수 없이 말할 수 없는 중생으로 하여금 다 청정하게 하니 복덕을 거두어 모든 행을 닦는 연고이니라."

　보살의 복과 지혜가 다함이 없는 덕으로서 뜻대로 되는 마니공덕장을 성취하며, 다니는 곳마다 일체 국토를 깨끗이 장엄하며, 가는 곳마다 말할 수 없이 말할 수 없는 중생으로 하여금 다 청정하게 한다.

5〉 복과 지혜가 뛰어난 덕

佛子야 菩薩摩訶薩이 如是廻向時에 修一切菩
薩行하야 福德殊勝하고 色相無比하며 威力光明이
超諸世間하야 魔及魔民이 莫能瞻對하며 善根具足
하고 大願成就하며

"불자들이여, 보살마하살이 이와 같이 회향할 때에 모든 보살의 행을 닦아서 복덕이 뛰어나고 몸매가 비길 데 없으며, 위력과 광명이 모든 세간에서 뛰어나서 마군과 마군의 졸개들이 마주 대하지 못하며, 선근을 구족하고 대원大願을 성취하였느니라."

복과 지혜가 뛰어난 덕 가운데 먼저 복덕이 수승함을 밝혔다. "몸매가 비길 데 없으며, 위력과 광명이 모든 세간에서 뛰어나서 마군과 마군의 졸개들이 마주 대하지 못한다."고 하였다. 복덕이 충만하면 그 몸의 모습이 다르므로 사람들이 귀의하고 마군들이 범접하지 못한다. 그것이 복덕의 위력이다.

기심미광　　등일체지　　어일념중　　실능
其心彌廣하야 等一切智하야 於一念中에 悉能

주변무량불찰　　지력무량　　요달일체제불
周徧無量佛刹하며 智力無量하야 了達一切諸佛

경계　　어일체불　　득심신해　　주무변지
境界하며 於一切佛에 得深信解하야 住無邊智하며

보리심력　　광대여법계　　구경여허공　　불자
菩提心力이 廣大如法界하고 究竟如虛空이니 佛子야

시명보살마하살　　제오무진공덕장회향
是名菩薩摩訶薩의 第五無盡功德藏廻向이니라

　"그 마음이 더욱 넓어 일체 지혜와 평등하며 한 생각
동안에 한량없는 부처님 세계에 두루 가득하고, 지혜의
힘이 한량이 없어 일체 모든 부처님의 경계를 통달하
며, 일체 부처님께 깊은 믿음과 이해를 얻고 그지없는
지혜에 머물렀으며, 보리심의 힘은 법계처럼 광대하고
허공처럼 끝까지 이르느니라. 불자들이여, 이것이 보살
마하살의 제5 무진공덕장회향無盡功德藏廻向이니라."

　복과 지혜가 뛰어난 덕 가운데 다음은 지혜가 수승함을
밝혔다. "그 마음이 더욱 넓어 일체 지혜와 평등하며 한 생각

동안에 한량없는 부처님 세계에 두루 가득하고, 지혜의 힘이 한량이 없어 일체 모든 부처님의 경계를 통달한다."는 등이 그것이다. 지혜가 충만하면 깊은 믿음과 이해가 있고 깊은 믿음과 이해가 있으면 지혜가 갖춰진다.

(15) 회향의 과위果位

보살마하살 주차회향 득십종무진장
菩薩摩訶薩이 住此廻向에 得十種無盡藏하나니

하등 위십 소위득견불무진장 어일모공
何等이 爲十고 所謂得見佛無盡藏이니 於一毛孔에

견아승지제불 출흥세고 득입법무진장
見阿僧祇諸佛이 出興世故며 得入法無盡藏이니

이불지력 관일체법 실입일법고
以佛智力으로 觀一切法이 悉入一法故며

"보살마하살이 이 회향에 머무르면 열 가지 무진장無盡藏을 얻느니라. 무엇이 열 가지인가. 이른바 부처님을 뵈옵는 무진장을 얻나니, 한 모공毛孔에서 아승지 모든 부처님이 세상에 출현하심을 보는 연고며, 법에 들어가는 무진장을 얻나니, 부처님 지혜의 힘으로 일체 법이 한 법에 들어감을 관찰하는 연고이니라."

제5 무진공덕장회향의 과위果位를 밝힌다. 제5 회향에 머무르면 열 가지 무진장을 얻는다. 먼저 부처님을 친견하는 무진장으로서 한 모공에서 헤아릴 수 없는 아승지 부처님이 출현하시는 것을 친견한다. 제5 회향에만 올라도 한 먼지나 한 모공에서 헤아릴 수 없는 부처님이 출현함을 본다니 이 얼마나 놀라운 일인가. 일一과 다多가 걸림이 없이 자유자재하다. 화엄불교는 궁극적으로 모든 사람 모든 생명이 부처님이라는 견해를 갖는다. 그래서 한 사람의 몸에서 3600조의 세포부처님을 본다. 다음은 법에 들어가는 무진장을 얻는데 부처님 지혜의 힘으로 일체 법이 한 법에 들어감을 관찰한다. 일체 법이 한 법에 들어감도 역시 일과 다가 원융무애함을 누린다.

득 억 지 무 진 장　　수 지 일 체 불 소 설 법　　무
得憶持無盡藏이니 **受持一切佛所說法**하야　**無**

망실고   득결정혜무진장   선지일체불소설
忘失故며 得決定慧無盡藏이니 善知一切佛所說

법비밀방편고   득해의취무진장   선지제법
法秘密方便故며 得解義趣無盡藏이니 善知諸法

이취분제고
理趣分齊故며

"잘 기억하는 무진장을 얻나니, 모든 부처님의 말씀하는 법을 받아 지니고 잊어버리지 아니하는 연고며, 결정한 지혜의 무진장을 얻나니, 모든 부처님이 말씀한 법과 비밀한 방편을 잘 아는 연고며, 뜻과 취지를 아는 무진장을 얻나니, 모든 법의 이치와 분한分限의 정도를 잘 아는 연고이니라."

다음은 잘 기억하는 무진장이다. 글을 잘 잊어버리는 사람이 가장 얻고 싶은 무진장이다. 부처님이 설하신 법을 아난존자처럼 한 번만 들으면 절대 잊어버리지 않기 때문이다. 다음은 결정한 지혜의 무진장이다. 모든 부처님이 말씀한 법과 비밀한 방편을 잘 알기 때문이다. 다음은 뜻과 취지를 아는 무진장이다. 모든 법의 이치와 분한分限의 정도를 잘 알기 때문이다.

득 무 변 오 해 무 진 장   이 여 허 공 지   통 달 삼
得無邊悟解無盡藏이니 以如虛空智로 通達三

세 일 체 법 고   득 복 덕 무 진 장   충 만 일 체 제 중
世一切法故며 得福德無盡藏이니 充滿一切諸衆

생 의   불 가 진 고   득 용 맹 지 각 무 진 장   실 능
生意하야 不可盡故며 得勇猛智覺無盡藏이니 悉能

제 멸 일 체 중 생   우 치 예 고   득 결 정 변 재 무 진
除滅一切衆生의 愚癡翳故며 得決定辯才無盡

장   연 설 일 체 불 평 등 법   영 제 중 생   실 해
藏이니 演說一切佛平等法하야 令諸衆生으로 悉解

료 고
了故며

"끝없이 깨달아 아는 무진장을 얻나니, 허공과 같은
지혜로 삼세의 일체 법을 통달하는 연고며, 복덕의 무
진장을 얻나니, 일체 모든 중생의 뜻을 충만하되 다함
이 없는 연고며, 용맹한 지혜로 깨닫는 무진장을 얻나
니, 일체 중생의 어리석음의 번뇌를 능히 없애 버리는

연고며, 결정한 변재辯才의 무진장을 얻나니, 모든 부처님의 평등한 법문을 연설하여 모든 중생들을 다 깨닫게 하는 연고이니라."

다음은 끝없이 깨달아 아는 무진장이다. 허공과 같이 툭 터진 지혜로 삼세의 일체 법을 통달하기 때문이다. 다음은 복덕의 무진장이다. 복덕이 무진장이라면 일체 중생의 뜻을 다 채워 줄 수 있을 것이다. 다음은 용맹한 지혜로 깨닫는 무진장이다. 일체 중생의 어리석음의 번뇌를 다 제거하려면 용맹한 지혜가 있어야 하기 때문이다. 탐욕과 분노보다 더 무섭고 근본이 되는 것이 어리석음이다. 모든 것이 거짓으로 있어서[假有] 실은 없는 것인데 진실한 사실로 여겨 있는 것이라고 착각하는 어리석음 때문에 탐욕을 부리고 분노도 한다. 그래서 모든 불교인들은 눈도 귀도 코도 혀도 없으며, 물질도 소리도 향기도 맛도 없는 것이라고 줄기차게 읊조리는 것이다. 다음은 변재辯才의 무진장이다. 모든 부처님의 평등한 법문을 연설하여 모든 중생들을 다 깨닫게 하는 것이다. 경전을 강의하다 보면 이와 같은 변재의 무진장이 있어

서 모든 청중을 감동시키고 깨닫게 할 수 있었으면 하는 생
각이 간절하다.

득 십 력 무 외 무 진 장　　구 족 일 체 보 살 소 행
得十力無畏無盡藏이니 **具足一切菩薩所行**하야

이 이 구 중　　이 계 기 정　　지 무 장 애 일 체 지 고
以離垢繒으로 **而繫其頂**하야 **至無障礙一切智故**니라

시 위 십　　불 자　　보 살 마 하 살　　이 일 체 선 근 회
是爲十이니 **佛子**야 **菩薩摩訶薩**이 **以一切善根廻**

향 시　　득 차 십 종 무 진 장
向時에 **得此十種無盡藏**이니라

"열 가지 힘과 두려움 없는 무진장을 얻나니, 모든 보
살의 행을 구족하여 때가 없는 비단을 이마에 매고 장
애가 없는 일체 지혜에 이르는 연고이니라. 이것이 열
가지이니, 불자들이여, 보살마하살이 일체 선근으로 회
향할 때에 이 열 가지 무진장을 얻느니라."

다음은 열 가지 힘[4]과 두려움 없는 무진장이다. 열 가지
힘은 부처님의 능력을 표현하는 데 가장 자주 등장하는 능

력이다. 보살의 행을 구족하여 때가 없는 비단을 이마에 맨다는 것은 단체의 지도자며, 무리의 우두머리며, 군중의 인솔자가 된다는 것이다. 일체 중생을 깨달음의 저 언덕으로 이끌고 가는 역할이다. 제5 무진공덕장회향無盡功德藏廻向의 과위果位를 열 가지 무진장을 얻는 것으로 맺었다. 여기까지 장문으로 제5 회향을 설하는 것을 마쳤다. 다음은 게송이다.

(16) 금강당보살이 게송을 설하다

이 시   금 강 당 보 살   승 불 신 력   보 관 시 방
爾時에 金剛幢菩薩이 承佛神力하사 普觀十方

이 설 송 언
하고 而說頌言하사대

---

4) ① 처비처지력處非處智力: 이치에 맞는 것과 맞지 않는 것을 분명히 구별하는 능력 ② 업이숙지력業異熟智力: 선악의 행위와 그 과보를 아는 능력 ③ 정려해탈등지등지지력靜慮解脫等持等至智力: 모든 선정禪定에 능숙함 ④ 근상하지력根上下智力: 중생의 능력이나 소질의 우열을 아는 능력 ⑤ 종종승해지력種種勝解智力: 중생의 여러 가지 뛰어난 판단을 아는 능력 ⑥ 종종계지력種種界智力: 중생의 여러 가지 근성을 아는 능력 ⑦ 변취행지력遍趣行智力: 어떠한 수행으로 어떠한 상태에 이르게 되는지를 아는 능력 ⑧ 숙주수념지력宿住隨念智力: 중생의 전생을 기억하는 능력 ⑨ 사생지력死生智力: 중생이 죽어 어디에 태어나는지를 아는 능력 ⑩ 누진지력漏盡智力: 번뇌를 모두 소멸시키는 능력.

그때에 금강당金剛幢보살이 부처님의 신력을 받들어 시방을 두루 관찰하고 게송으로 말하였습니다.

1〉 회향할 바의 선근

보 살 성 취 심 심 력
菩薩成就深心力하야

보 어 제 법 득 자 재
普於諸法得自在하고

이 기 권 청 수 희 복
以其勸請隨喜福으로

무 애 방 편 선 회 향
無礙方便善廻向이로다

보살이 깊고 깊은 마음의 힘을 성취하고
널리 모든 법에 자재함을 얻어서
설법하기를 청하고 기뻐한 복덕으로
걸림 없는 방편으로 잘 회향하도다.

보살이 법을 설해 주기를 청하고, 또 다른 사람의 공덕을 따라서 기뻐한다는 것은 깊은 마음의 힘을 성취하여 법에 자재함을 얻었기 때문이다. 세상에는 누구에게나 물어서 배우려는 이는 드물고 잘 알지도 못하면서 가르치려는 사람은 많다. 또한 남이 잘하는 일을 진정으로 따라서 기뻐하

는 일도 쉽지 않다. 걸림 없는 방편으로 회향한다는 것이 이
와 같다.

2) 보리에 회향하다

삼 세 소 유 제 여 래
三世所有諸如來가

엄 정 불 찰 변 세 간
嚴淨佛刹徧世間하사

소 유 공 덕 미 불 구
所有功德靡不具하시니

회 향 정 찰 역 여 시
廻向淨刹亦如是로다

세 세상에 계시는 모든 여래가
국토를 장엄하여 세간에 가득하사
있는 바 모든 공덕 다 구족하시니
정토에 회향함도 또한 이와 같도다.

깨달음에 회향하는 바른 길은 과거 현재 미래의 모든 여
래가 이미 세간에 두루 하여 국토를 장엄하고 모든 공덕을
다 구족하고 있는 사실에 눈을 뜨고 깨닫는 것이다. 지금 이
대로다. 달리 무슨 장엄과 공덕이 있을 수 있겠는가.

삼세 소유 제 불 법　　　　보 살 개 실 체 사 유
三世所有諸佛法을　　　　菩薩皆悉諦思惟하고

이 심 섭 취 무 유 여　　　　여 시 장 엄 제 불 찰
以心攝取無有餘하야　　　　如是莊嚴諸佛刹이로다

세 세상에 있는 모든 부처님의 법을

보살들이 모두 다 깊이 사유하고

마음으로 남김없이 모두 다 거두어

이와 같이 모든 세계 장엄하도다.

과거와 미래와 현재의 모든 불법을 보살이 깊이 사유하
여 그 실상을 깨달아 알면 어떤 일에나 마음으로 잘 거두고
단속하고 관리하여 빼앗기지 않는다. 달리 말하면 불법을
수행한다는 것은 경계를 대하여 마음을 잘 거두어들여서 단
속하는 일이다. 이것이 곧 모든 세계를 장엄하는 것이다.

진 어 삼 세 소 유 겁　　　　찬 일 불 찰 제 공 덕
盡於三世所有劫토록　　　　讚一佛刹諸功德이라도

삼 세 제 겁 유 가 진　　　　불 찰 공 덕 무 궁 진
三世諸劫猶可盡이어니와 **佛刹功德無窮盡**이로다

삼세에 끝이 없는 많은 겁劫 동안

한 세계의 공덕을 찬탄하여서

삼세의 모든 겁이 끝나더라도

불국토의 많은 공덕 끝이 없도다.

　한 세계, 한 국토, 한 사람, 한 사물의 공덕과 그 근원은
과거 현재 미래의 겁이 다할 때까지 찬탄하더라도 다 찬탄
할 수 없다. 세상에서 아무리 하찮은 존재라 하더라도 그 본
질의 궁극은 규명할 수 없기 때문이다.

여 시 일 체 제 불 찰　　　보 살 실 견 무 유 여
如是一切諸佛刹을　　**菩薩悉見無有餘**하야

총 이 장 엄 일 불 토　　　일 체 불 토 실 여 시
總以莊嚴一佛土하고　**一切佛土悉如是**로다

이와 같은 일체의 부처님 세계를

보살이 남김없이 모두 다 보아

모두 다 한 국토를 장엄하듯이

일체의 국토도 이와 같도다.

낱낱 존재가 모두 불가사의하고 일체 부처님 세계가 다
불가사의하다. 보살은 이러한 사실을 남김없이 다 알고 다
본다. 한 세계, 한 국토, 한 사람, 한 사물이 그렇듯이 일체
세계와 일체 국토와 일체 사람과 일체 사물이 그대로 불가
사의한 장엄이다.

유 제 불 자 심 청 정   실 종 여 래 법 화 생
有諸佛子心淸淨하야   悉從如來法化生이라

일 체 공 덕 장 엄 심   일 체 불 찰 개 충 만
一切功德莊嚴心이   一切佛刹皆充滿이로다

어떠한 불자들은 마음이 청정하여

여래의 법으로써 화化해 생긴 것이라

일체의 공덕으로 마음을 장엄한 것이

일체 세계에 다 충만하도다.

마음이 청정한 불자는 여래의 법으로 변화하여 탄생하였다. 그는 일체 공덕으로 마음을 장엄하여 세계에 충만하다. "법에 의하여 출생한다[依法出生]."라는 말이 있다. 불법을 수행한다는 것은 곧 청정한 마음으로 부처님의 법에 의하여 화생化生하는 것이다. 법에 의하여 새롭게 출생한다면 이 세상 그대로가 불가사의한 장엄이리라.

피 제 보 살 실 구 족
彼諸菩薩悉具足

무 량 상 호 장 엄 신
無量相好莊嚴身하며

변 재 연 설 변 세 간
辯才演說徧世間하니

비 여 대 해 무 궁 진
譬如大海無窮盡이로다

저 모든 보살들의 무량한 상호가
그 몸을 구족하게 장엄하였고
온 세간에 두루 설법하는 변재辯才가
바닷물이 다함이 없는 것과 같도다.

선근을 닦아 보리에 회향하는 보살들의 한량없는 상호가 그 몸을 구족하게 장엄하였다. 그뿐만 아니라 진리를 설하는 연설의 변재는 마치 큰 바다가 다함이 없이 광대한 것과 같다.

보 살 안 주 제 삼 매　　　　일 체 소 행 개 구 족
菩薩安住諸三昧하야　　　一切所行皆具足하고

기 심 청 정 무 여 등　　　　광 명 보 조 시 방 계
其心淸淨無與等하야　　　光明普照十方界로다

보살이 모든 삼매에 머물러 있어

닦을 바 일체 행行을 다 구족하고

그 마음 청정하여 짝할 이 없어

광명으로 시방세계 두루 비추도다.

선근을 닦아 회향하는 보살은 온갖 삼매에 안주하여 일체 보살행을 다 갖추었다. 그리고 그 마음은 텅 비고 텅 비어 누구와도 견줄 수 없다. 텅 빈 데서 나오는 광명은 시방세계를 두루 다 비춘다.

여 시 무 여 제 불 찰
如是無餘諸佛刹에

차 제 보 살 개 충 만
此諸菩薩皆充滿이라

미 증 억 념 성 문 승
未曾憶念聲聞乘하며

역 부 불 구 연 각 도
亦復不求緣覺道로다

이와 같이 빠짐없는 모든 세계에

이런 보살 간 데마다 가득하여서

한 번도 성문법聲聞法을 생각지 않고

또한 다시 연각도緣覺道도 구하지 않도다.

선근을 닦아 회향하는 보살들은 모든 세계에 가득가득
충만하였다. 그래서 대승보살행만을 펼치고 단 한 번도 성
문의 법이나 연각의 도를 구하지 않는다.

3〉 중생에게 회향하다

보 살 여 시 심 청 정
菩薩如是心淸淨하야

선 근 회 향 제 군 생
善根廻向諸群生하고

보 욕 령 기 성 정 도
普欲令其成正道하야

구 족 요 지 제 불 법
具足了知諸佛法이로다

보살들이 이와 같이 마음이 청정하여
선근으로 중생에게 회향하면서
그들이 바른 도道를 모두 이루어
온갖 불법佛法 구족하게 알게 하도다.

회향삼처廻向三處란 보리와 중생과 실제에 회향함을 말한다. 중생에게 회향하는 것을 게송으로 설하였다. 보살이 선근을 닦아서 일체 중생에게 회향하면 그 인연으로 중생들은 불법의 바른 도를 이루고 모든 불법을 갖추게 된다. 회향은 이것을 목적으로 한 것이다.

4) 이익을 이룸

시 방 소 유 중 마 원
十方所有衆魔怨을

보 살 위 력 실 최 파
菩薩威力悉摧破하니

용 맹 지 혜 무 능 승
勇猛智慧無能勝하야

결 정 수 행 구 경 법
決定修行究竟法이로다

시방에 수가 없는 마군과 원수를
보살의 위력으로 꺾어 부수니

용맹한 그 지혜를 이길 이 없어
결정코 구경법究竟法을 닦아 행하도다.

선근을 닦아서 그 선근을 남을 위해 회향하게 되면 그 위
신력으로 마군과 원수를 꺾어 부수게 된다. 실은 마군도 없
고 원수도 없이 모두가 은인이 된다. 이것이 꺾어 부수는 이
치이다. 회향은 참으로 큰 용맹이며 큰 지혜다. 그리고 불교
의 구경법이다. 이것이 회향의 이익이다.

보 살 이 차 대 원 력
菩薩以此大願力으로

소 유 회 향 무 유 애
所有廻向無有礙하야

입 어 무 진 공 덕 장
入於無盡功德藏하니

거 래 현 재 상 무 진
去來現在常無盡이로다

보살이 이와 같은 큰 원력으로
간 데마다 회향하여 걸림이 없어
무진無盡한 공덕장에 들어갔으니
과거 미래 현재에 다함없도다.

선근을 닦아 회향하는 일은 보살의 원력이며 보살의 삶이다. 가는 데마다, 인연이 있는 곳마다 회향하여 차별이 없으며 걸림이 없다. 그러므로 회향은 다함이 없는 공덕의 저장소다. 과거 미래 현재에 다함이 없다.

5) 보리菩提의 상相을 떠남

보 살 선 관 제 행 법
菩薩善觀諸行法하야

요 달 기 성 부 자 재
了達其性不自在하니

기 지 제 법 성 여 시
旣知諸法性如是일새

불 망 취 업 급 과 보
不妄取業及果報로다

보살이 모든 행법行法을 잘 관찰하여
그 성품 자재하지 못함을 통달하니
모든 법의 성품이 이런 줄 알고
허망하게 업業과 과보果報 취하지 않네.

행법行法이란 일체 존재의 실상을 바르게 파악하여 깨달아 아는 일이다. 공관空觀과 중도관中道觀이 행법의 큰 주류를 이룬다. 일체 자성은 실체가 없기 때문에 자재하지 못함을 행법으로 통달한다. 모든 법의 성품이 이와 같은 줄을 알아 업과 업의 과보를 허망하게 취하지 않는다. 일체 업과 과보가 중도적 공성이기 때문에 허망하게 취하지 않는다.

무 유 색 법 무 색 법
無有色法無色法하며

역 무 유 상 무 무 상
亦無有想無無想이라

유 법 무 법 개 실 무
有法無法皆悉無하니

요 지 일 체 무 소 득
了知一切無所得이로다

색법色法도 무색법도 없는 것이요
생각 있고 생각 없는 것도 다 없으며
있는 법도 없는 법도 모두 없나니
온갖 것이 아무것도 없는 줄 알도다.

한 게송에 없다는 뜻을 가진 글자[無]가 여덟 자나 된다. 반야심경도 오로지 없다는 뜻으로 일관하고 있다. 물질인 법이나 물질이 아닌 법이나 생각이 있음과 생각이 없음도 모두 없으며, 있는 법도 없는 법도 또한 없다. 그래서 끝내는 온갖 것이 아무것도 없는 줄을 알 뿐이다. 있는 듯이 여

겨지는 것이 없는 이유는 여러 가지가 있다. 사람들의 일체 고통은 이와 같은 없다는 사실을 모르기 때문이다. 없는 것을 있다고 여기는 어리석음 때문에 탐욕을 부리고 분노를 터뜨린다.

일 체 제 법 인 연 생
一切諸法因緣生이라

체 성 비 유 역 비 무
體性非有亦非無니

이 어 인 연 급 소 기
而於因緣及所起에

필 경 어 중 무 취 착
畢竟於中無取着이로다

일체 모든 법은 인연으로 생긴 것이라

자체 성품 있지 않고 없지도 않아

인연과 인연으로 생긴 것들에

필경에는 그 가운데 집착 없도다.

불교에서 가장 많이 거론되는 가르침이다. 일체 모든 법은 인연으로 생기고 인연으로 소멸한다. 한 그루의 큰 소나무도 인연으로 생긴 것이고, 한 채의 큰 법당도 인연으로 생긴 것이고, 사람도 인연으로 생긴 것이다. 다시 또 인연으로 없어진다. 명예와 재산과 일체 부귀공명이 모두 인연으로 생겼다가 인연으로 소멸한다. 그 자체의 성품을 있다고도 할 수 없고 없다고도 할 수 없다. 인연이라는 존재 원리나 인연으로 생긴 것이나 필경에는 그 무엇도 집착할 것이 없다. 모든 사람이 이 인연이라는 존재 원리 하나만 철저히 파악하여 생활에 옮긴다면 제2의 화살에 의한 고통은 받지 않는다.

일 체 중 생 어 언 처
一切衆生語言處가

어 중 필 경 무 소 득
於中畢竟無所得이라

요 지 명 상 개 분 별
了知名相皆分別하야

명 해 제 법 실 무 아
明解諸法悉無我로다

일체 중생들의 말하는 곳이
그 가운데 필경에는 얻을 바 없어
이름과 모양이 분별임을 알고
모든 법이 무아無我임을 분명히 아네.

위의 게송과 연관된 뜻이다. 사람들이 말로 표현하는 모든 것은 필경에 얻을 것이 없다. 이름도 모양도 모두가 분별로 인한 것임을 알 수 있다. 또 모든 법이 무아임을 분명히 알 수 있다. 인연으로 생긴 것이기 때문에 무아다. 즉 고정된 실체가 없다. 여러 포기의 짚이 모여서 짚단이 되고 지수화풍 사대가 모여서 사람의 육신이 된다. 짚이나 사대나 하나하나 뿔뿔이 흩어지고 나면 짚단도 없고 사람의 육신도 없다. 100명이 모여 법회를 이루었으나 법문이 끝나고 뿔뿔이 흩어지고 나면 법회란 없는 것과 같다. 글자 210자가 모여서 법성게가 되지만 한 글자 한 글자 흩어지고 나면 법성게란 없다. 금강경도, 법화경도, 화엄경도, 팔만대장경도 모두 이와 같다.

여 중 생 성 본 적 멸　　여 시 요 지 일 체 법
如衆生性本寂滅하야　**如是了知一切法**하니

삼 세 소 섭 무 유 여　　찰 급 제 업 개 평 등
三世所攝無有餘라　**刹及諸業皆平等**이로다

중생들의 성품이 본래 적멸해서

이와 같이 일체 법을 모두 잘 알며

삼세에 남김없이 다 포섭되어

세계와 모든 업이 모두 평등하도다.

중생의 성품과 일체 존재의 성품은 본래 텅 비어 적멸하다. "제법은 본래로 적멸한 것"이라고 하지 않았던가. 이와 같은 이치로 일체 법을 알아서 과거 현재 미래의 모든 법을 이 원리에 포섭한다. 그러므로 세계도 인간이 짓는 모든 업도 적멸하여 평등하다. 연기와 공성과 무아의 이치가 적멸과 같은 맥락이다.

이 여 시 지 이 회 향
以如是智而廻向에
수 기 오 해 복 업 생
隨其悟解福業生이나

차 제 복 상 역 여 해
此諸福相亦如解하니
기 부 어 중 유 가 득
豈復於中有可得가

이와 같이 지혜로써 회향을 하면
이해를 따라서 복이 생기고
모든 복덕 모양들도 이해와 같으니
어찌 다시 그 가운데 얻을 것이 있으랴.

일체 존재의 연기와 공성과 무아와 적멸의 이치를 깨달아 아는 지혜로써 회향하면 이와 같은 이해를 따라 큰 복이 생긴다. 그 큰 복도 역시 연기와 공성과 무아와 적멸의 이치에서 벗어나지 않는다. 일체 법이 연기며 공성이며 무아며 적멸이거늘 어찌 다시 그 가운데 얻을 것이 있으랴.

여 시 회 향 심 무 구
如是廻向心無垢하야

영 불 칭 량 제 법 성
永不稱量諸法性하며

요 달 기 성 개 비 성
了達其性皆非性하야

부 주 세 간 역 불 출
不住世間亦不出이로다

이와 같이 회향하는 마음에 때가 없어져서
영원히 법의 성품 헤아리지 아니하나니
성품이 성품 아닌 줄을 모두 다 알고
세간에 머물지도 않고 벗어나지도 않도다.

일체 법이 연기며 공성이며 무아며 적멸임을 아는 것은 참으로 훌륭한 회향이다. 일체 존재에 대해서 이와 같이 회향하면 마음에 번뇌가 있을 수 없다. 그래서 영원히 모든 법에 대해서 칭량하지 않게 된다. 공성이며 무아며 적멸인지라 논할 것이 있겠는가. 성품이 성품 아닌 줄을 모두 다 알면 세간에 머물지도 않고 세간을 벗어나지도 않게 되어 툭 터진 해탈감을 누리리라.

6〉 중생의 상을 떠남

일 체 소 행 중 선 업
一切所行衆善業을

실 이 회 향 제 군 생
悉以廻向諸群生호대

막 불 요 달 기 진 성
莫不了達其眞性하야

소 유 분 별 개 제 견
所有分別皆除遣이로다

갖가지 닦아 행한 여러 선(善)한 업을
모두 다 중생에게 회향하여서
참성품을 통달하지 못함이 없고
여러 가지 분별도 없애 버리도다.

보살의 삶이란 무엇을 하든 선한 업을 짓는 일이다. 그리고 그 선한 업을 모두 일체 중생에게 회향하는 일이다. 그런데 선한 업이나 중생까지도 참성품은 텅 비어 공하다는 것을

통달하여 안다. 그래서 아무런 분별이 없다. 이것이 중생의
상을 떠난 회향이다.

소 유 일 체 허 망 견
所有一切虛妄見을   실 개 기 사 무 유 여
悉皆棄捨無有餘하며

이 제 열 뇌 항 청 량
離諸熱惱恒淸凉하야   주 어 해 탈 무 애 지
住於解脫無礙地로다

갖고 있던 일체의 허망한 소견을
모두 다 내버리어 남김이 없고
번뇌의 열기를 다 떠나니 항상 청량하여
해탈의 걸림이 없는 곳에 머물게 되도다.

일체 허망한 소견이란 주관도 객관도, 너도 나도, 마음도
물질도 모두가 존재하는 실체가 있다고 보는 것이다. 이와
같은 소견을 남김없이 다 버리면 일체 번뇌의 열기도 다 식어
버린다. 실체가 존재한다는 소견만 없으면 번뇌의 열기가 없
을 것이며 항상 청량하기 이를 데 없으리라. 그것이 곧 해탈
이며 걸림 없는 자유로운 삶이다.

7〉 덕을 이룸이 상을 떠남

보 살 불 괴 일 체 법
菩薩不壞一切法하며

역 불 멸 괴 제 법 성
亦不滅壞諸法性하고

해 료 제 법 유 여 향
解了諸法猶如響하야

실 어 일 체 무 소 착
悉於一切無所着이로다

보살은 일체 법을 파괴하지 않으며

또한 모든 법의 성품을 괴멸하지도 아니하고

모든 법이 마치 메아리와 같은 줄 알아

일체 법에 모두 다 집착함이 없도다.

　일체 법은 현상이고 모든 법의 성품은 현상의 텅 빈 본질
이다. 견해가 중도적 관점에 바로 선 보살은 이 두 면을 어
느 것도 부정하지 않는다. 일체 법이라는 모든 드러난 현상
을 부정하지도 아니하며, 또한 현상들의 본성인 텅 빈 공성
을 부정하지도 않는다. 현상이나 본질이나 모두를 메아리
와 같은 줄 알아 그 어디에도 집착하지 않는다.

요 지 삼 세 제 중 생　　　　실 종 인 연 화 합 기
了知三世諸衆生이　　　悉從因緣和合起하며

역 지 심 락 급 습 기　　　　미 증 멸 괴 일 체 법
亦知心樂及習氣하야　　未曾滅壞一切法이로다

삼세에 한량없는 모든 중생들

모두 다 인因과 연緣이 화합하여 생긴 줄 알고

마음에 좋아함과 습기習氣도 알아

일체 법을 일찍이 소멸하지 않도다.

앞에서 일체 법과 일체 법의 본성을 부정하지 않았다. 나
아가서 과거 현재 미래의 일체 중생들은 모두가 인因과 연緣
과 과果와 보報, 즉 인연과보로 화합하여 생긴 것이라서 실체
가 없음을 안다. 따라서 중생들이 좋아하고 익힌 습기들도
또한 실체가 없음을 안다. 이와 같이 알면 일체 법을 파괴하
여 소멸할 까닭이 없다.

요 달 업 성 비 시 업　　　　이 역 불 위 제 법 상
了達業性非是業호대　　而亦不違諸法相하며

우 역 불 괴 업 과 보   설 제 법 성 종 연 기
又亦不壞業果報하야   **說諸法性從緣起**로다

업의 성품은 업이 아닌 줄 분명히 알되
또한 모든 법의 모양도 어기지 않으며
또한 업과 과보를 깨뜨리지 아니하여
모든 법의 성품이 인연으로 생긴 것을 설하도다.

    일체 모든 법의 존재 원리는 오직 연기로서만 존재한다. 업이든 업의 과보든 그 본성은 텅 비어 공적한 데서부터 이런 저런 직접적인 원인과 간접적인 조건 등으로 모종의 결과를 초래한다. 이와 같이 모든 법은 존재의 실체가 없고 오직 연기로서만 존재한다는 사실을 꿰뚫어 알면 모든 법의 나타난 모양을 어기지 않으며 또한 업과 그 과보도 깨뜨리지 않는다. 굳이 그림자와 환영인 줄 알면서 깨뜨릴 필요가 없기 때문이다.

요 지 중 생 무 유 생   역 무 중 생 가 유 전
了知衆生無有生하며   **亦無衆生可流轉**하니

무 실 중 생 이 가 설　　　　단 의 세 속 가 선 시
無實衆生而可說이로대　**但依世俗假宣示**로다

중생들이 나는 일이 없으며

또한 중생이 유전함도 없음을 아나니

실로 중생이라 말할 것이 아주 없지만

다만 세속을 의지하여 거짓으로 보이도다.

　뭐니 뭐니 해도 세상의 근본은 중생이며 그 중심은 중생이다. 그러므로 무엇보다 중생의 실상을 바르게 알 필요가 있다. 중생을 아는 관점에는 가관假觀과 공관空觀과 중도관中道觀이 있다. 세속적 관점에 의해서 보면 중생은 눈에 보이는 대로 우리들의 습관과 같이 아무런 지혜의 개입 없이 그대로 보는 것이다. 이것은 거짓으로 보이는 것[假觀]이다. 다음으로 자외선으로 사물을 보듯이 모든 존재를 지혜의 눈으로 꿰뚫어 보면 일체는 텅 비어 공한 것이다. 존재 그대로가 공하기[卽空] 때문이며, 연기이기 때문이며, 마음으로부터 다 놓아 버렸기 때문이며, 분석해 보았기 때문인 등 이와 같은 등등의 이유가 있다. 이것은 세간을 약간 벗어난 관점이다.

　여기에서 좀 더 다른 차원의 관점이 있다. 그것은 일체 중

생을 지금 그대로 부처님으로 보는 관점[中道觀]이다. 자비롭다거나 지혜롭다거나 인욕을 잘한다거나 육바라밀을 잘 실천해서가 아니다. 탐진치 삼독과 8만4천의 번뇌를 다 가지고 있는 지금의 그대로를 부처님으로 보는 것이다. 오히려 삼독심과 온갖 번뇌가 있기 때문에 부처님인 것이다. 이것은 출세간에서 다시 세간 속으로 깊이 들어와서 혼연일체가 된 관점이다. 여기까지 제5 무진공덕장회향의 법문이다.

8) 제6 수순견고일체선근회향隨順堅固一切善根廻向

(1) 보살이 제왕이 되어 중생을 구제하다

불자 운하위보살마하살 수순견고일체
佛子야 云何爲菩薩摩訶薩의 隨順堅固一切

선근회향 불자 차보살마하살 혹위제왕
善根廻向고 佛子야 此菩薩摩訶薩이 或爲帝王하야

임어대국 위덕광피 명진천하 범제원
臨御大國하면 威德廣被하야 名震天下일새 凡諸怨

적　미불귀순　발호시령　실의정법
敵이 靡不歸順하며 發號施令에 悉依正法하며

"불자들이여, 무엇을 보살마하살의 견고한 일체 선근을 수순하는 회향이라 하는가. 불자들이여, 이 보살마하살이 혹은 제왕이 되어 큰 나라에 군림하면 위덕이 널리 퍼지고 이름이 천하에 떨치리라. 모든 원수와 적들이 귀순하지 않는 이가 없고, 명령을 내릴 적에는 모두 바른 법에 의지하느니라."

제6 견고한 일체 선근을 수순하는 회향이란 불교의 가르침 중에서 제일가는 덕목인 보시행을 구체적으로 광범위하게 설한 내용이다. 먼저 보시를 행하는 사람으로 세상에서 가장 존귀한 사람인 제왕의 경우를 설정하여 설하였다. 군주국가시대에는 제왕이 되면 온갖 부귀와 영화와 권력을 다 갖추었으므로 불심佛心으로 일체를 보시하려 하면 얼마든지 큰 보시를 행할 수 있기 때문이다. 제왕의 말 한마디가 곧 법이었던 시대를 상기하면 누구나 이와 같은 경우를 그려 볼 수 있을 것이다.

자신이 제왕이 되어 무차대회無遮大會를 베푸는 광경을 상

상해 보자. 옛날 신심이 뛰어나서 온갖 불사를 지어 불법을 널리 펼쳐 불심천자佛心天子 또는 황제보살皇帝菩薩이라 불렸던 양나라 무제의 사례가 곧 그것이다.

만약 불법을 널리 전파하고자 하는 원력을 가진 사람이 제왕이 되면 큰 나라에 군림하여 위덕이 널리 퍼지고 이름을 천하에 떨칠 것이며, 원수와 적들 가운데 귀순하지 않는 이가 없고, 명령을 내릴 적에는 모두 바른 법에 의지하게 될 것이다. 이 얼마나 기대되는 일인가. 보살이 마음껏 보시를 닦아 회향하고자 하는 설법이 화엄경 80권 중에 무려 세 권 반이나 된다. 보살의 중생을 위한 간절한 마음의 표현이리라.

집 지 일 개　　부 음 만 방　　주 행 솔 토　　소 향
執持一蓋하야 溥蔭萬方하며 周行率土에 所向

무 애　　이 이 구 증　　이 계 기 정　　어 법 자 재
無礙하며 以離垢繒으로 而繫其頂하며 於法自在하야

견 자　　함 복　　불 형 불 벌　　감 덕 종 화　　이 사
見者가 咸服하며 不刑不罰호대 感德從化하며 以四

섭법　　섭제중생　　위전륜왕　　일체주급
攝法으로 **攝諸衆生**하며 **爲轉輪王**하야 **一切周給**이니라

"한 일산日傘을 들어 만방을 덮으며, 온 천하를 두루
다녀도 가는 곳마다 거리낄 것 없고, 청정한 비단을 이
마에 매었으며, 법에 자재하여 보는 이가 다 굴복하고,
형벌을 쓰지 않으나 덕으로 감복하여 교화를 따르며, 네
가지 거두어 주는 법[四攝法]으로 모든 중생을 포섭하고,
전륜왕이 되어 모든 사람들을 두루 구제하느니라."

　　보살이 제왕이 되어 불법을 널리 전파하고자 하는 마음
을 이와 같이 밝혔다. 세상사에는 그 자리에 있어야 그 일을
할 수 있다. 아무리 좋은 뜻을 가졌어도 그 자리를 얻지 못
하면 그 뜻을 펼칠 수 없기 때문이다. 그래서 세상 사람들은
자기가 갖고자 하는 것이 있으면 박이 터지도록 그 자리를
차지하려는 것이다. 요즘과 같은 시대에도 대통령이나 큰
그룹의 회장이 되어 바른 신심으로 불법을 널리 펴고자 한
다면 군주국가시대와는 다르다 하더라도 큰 영향력을 행사
할 수 있을 것이다.

(2) 보살의 자재한 공덕

보살마하살 안주여시자재공덕 유대권
菩薩摩訶薩이 安住如是自在功德하야 有大眷

속 불가저괴 이중과실 견자무염 복
屬하야 不可沮壞하며 離衆過失하야 見者無厭하며 福

덕장엄 상호원만 형체지분 균조구족
德莊嚴으로 相好圓滿하야 形體支分이 均調具足하며

획 나라연견고지신 대력성취 무능굴복
獲那羅延堅固之身하며 大力成就하야 無能屈伏하며

득청정업 이제업장
得淸淨業하며 離諸業障이니라

"보살마하살이 이와 같은 자재한 공덕에 안주하여 많은 권속이 있어 저해할 수 없고, 모든 허물이 없으며, 보는 이가 싫어하지 않고, 복덕으로 장엄하여 상호가 원만하고, 형체와 손발이 구족하게 조화로우며, 나라연那羅延과 같이 견고한 몸을 얻고 큰 힘을 성취하여 굴복할 자가 없으며, 청정한 업을 얻어 모든 업장業障을 여의었느니라."

제왕이 된다고 해서 모두가 경문과 같을 수는 없다. 만

약 제왕이 되고 또한 경문과 같이 모든 허물이 없으며, 보는 이가 싫어하지 않고, 복덕으로 장엄하여 상호가 원만하고, 형체와 손발이 구족하게 조화롭다면 법을 펴기가 더욱 좋을 것이다. 세상에는 대통령이나 큰 그룹의 총수가 되고도 비난을 듣고 지탄을 받는 사람들이 얼마나 많은가. 그러므로 보살이 이와 같은 자재한 공덕을 갖추고 법을 펴야 할 것이다.

(3) 60종의 보시 명목을 열거하다

구 족 수 행 일 체 보 시 혹 시 음 식 급 제 상 미
具足修行一切布施호대 **或施飲食**과 **及諸上味**

혹 시 거 승 혹 시 의 복 혹 시 화 만 잡
하며 **或施車乘**하며 **或施衣服**하며 **或施華鬘**하며 **雜**

향 도 향 상 좌 방 사 급 소 주 처 상 묘 등 촉 병
香塗香과 **牀座房舍**와 **及所住處**와 **上妙燈燭**과 **病**

연 탕 약 보 기 보 거 조 량 상 마 실 개 엄 식
緣湯藥과 **寶器寶車**와 **調良象馬**를 **悉皆嚴飾**하야

환 희 보 시
歡喜布施하며

"온갖 보시를 구족하게 행하는데, 혹은 음식과 맛좋은 것을 보시하고, 혹은 수레를 보시하고, 혹은 의복을 보시하고, 혹은 화만華鬘을 보시하고, 여러 가지 향과 바르는 향과 평상과 방사와 머무는 처소와 좋은 등촉과 병에 쓰는 탕약과 보배 그릇과 보배 수레와 길이 잘 든 코끼리와 말을 훌륭하게 장식하여 기쁘게 보시하느니라."

아래에 자세히 등장하는 60종의 보시에 대해서 먼저 그 명목을 열거하였다. 보시의 종류는 60종이며 그것을 어떻게, 어떤 대상에게 보시하는가에 따라 80가지 일이 더 있게 된다. 그래서 화엄경 80권 중 무려 세 권 반이나 이 한 가지 회향의 법문이 된다. 이 한 가지 회향의 법문은 모두가 보시행이다. 베풀고 나누는 행이 사람 관계에서 얼마나 중요한가를 깨닫게 한다.

혹 유 래 걸 왕 소 처 좌　약 개 약 산　당 번 보 물
或有來乞王所處座와 **若蓋若傘**과 **幢幡寶物**과

제 장 엄 구　정 상 보 관　계 중 명 주　내 지 왕 위
諸莊嚴具와 **頂上寶冠**과 **髻中明珠**와 **乃至王位**라도

개 무 소 린
皆無所恡하니라

"혹 어떤 이가 와서 왕의 평상과 가린 덮개와 일산과
당기와 깃발과 보물이나, 장엄거리나, 머리에 쓴 보관
이나, 상투에 꽂은 진주동곳이나, 내지 왕의 지위를 요
구하더라도 조금도 아까워함이 없느니라."

　계속해서 60종의 보시 명목이 이어진다. 그 어떤 물건이
나 지위를 보시하더라도 상을 내거나 아까워하거나 미련을
갖지 않는 것이 중요하다. 그래서 불교에서는 무엇을 베풀
더라도 무주상보시를 권장하는 것이다.

약 견 중 생　재 뢰 옥 중　사 제 재 보　처 자 권 속
若見衆生이 **在牢獄中**에 **捨諸財寶**와 **妻子眷屬**

　내 지 이 신　구 피 영 탈　약 견 옥 수　장 욕
하고 **乃至以身**으로 **救彼令脫**하며 **若見獄囚**가 **將欲**

被戮에 即捨其身하야 以代彼命하며 或見來乞連

膚頂髮이라도 歡喜施與하야 亦無所悋하니라

"만일 중생이 감옥 속에 있는 이를 보면 온갖 재물이나 보배나 처자나 권속이나 몸까지 버려서라도 그들을 구호하여 벗어나게 하며, 만약 감옥 속에 갇힌 죄수가 사형을 당하게 된 이를 보면 몸을 버려서 그 사람의 목숨을 대신하며, 혹 이마의 가죽을 달라 하더라도 기쁘게 주고 또한 아끼지 아니하느니라."

죄를 지었거나 또는 사상운동 등으로 감옥에 갇힌 사람을 구제하여 벗어나게 하는 일도 큰 보시다. 60종의 보시 중에는 이와 같은 일도 포함된다.

眼耳鼻舌과 及以牙齒와 頭頂手足과 血肉骨

髓와 心腎肝肺와 大腸小腸과 厚皮薄皮와 手足諸

지　연육조갑　이환희심　　진개시여
指와 **連肉爪甲**을 **以歡喜心**으로 **盡皆施與**하며

　"눈과 귀와 코와 혀와 그리고 치아와 머리와 이마와 손과 발과 피와 살과 뼈와 골수와 염통과 신장과 간과 허파와 대장大腸과 소장과 가죽과 곁 가죽과 손가락과 발가락과 살이 붙은 손톱까지라도 환희한 마음으로 모두 남김없이 보시하느니라."

　요즘의 일로 표현하면 장기 기증과 같은 것이다. 시신도 연구용으로 쓰도록 기증한다. 그러나 장기나 시신 기증은 대개 사람이 죽은 뒤에 하는 것이다. 유사한 점도 있으나 보살이 제왕이 되어 스스로 중생을 위해 보시하는 것과는 다소 차이가 있다. 어떤 경우든지 유고 전에 장기를 기증하여 뒷사람들의 온전한 삶에 도움을 주는 것은 큰 보살행이다.

혹 위 구 청 미 증 유 법　　투 신 이 하 심 대 화 갱
或爲求請未曾有法하야 **投身而下深大火坑**하며

혹 위 호 지 여 래 정 법　　　　이 신 인 수 일 체 고 독
或爲護持如來正法하야 **以身忍受一切苦毒**하며

혹 위 구 법　　　내 지 일 자　　　실 능 변 사 사 해 지 내
或爲求法호대 **乃至一字**라도 **悉能徧捨四海之內**

일 체 소 유　　　항 이 정 법　　　화 도 군 생　　　영 수 선
一切所有하야 **恒以正法**으로 **化導群生**하야 **令修善**

행　　사 리 제 악
行하야 **捨離諸惡**하며

　"혹은 일찍이 있지 않던 법을 구하기 위하여 몸을 던
져 큰 불구덩이에 들어가고, 혹은 부처님의 정법을 보
호하기 위하여 온갖 고초를 달게 받으며, 혹은 법을 구
할 적에 내지 한 글자를 위하여서도 사해四海 안에 있는
모든 소유를 다 버리고, 항상 바른 법으로 중생들을 교
화하여 선행을 닦고 모든 악행을 버리게 하느니라."

　법을 위하여 몸을 잊어버린다는 위법망구爲法忘軀의 정신
을 밝혔다. 열반경의 설산동자雪山童子의 사례를 들 수 있다.
　"석가모니 부처님이 전생에 설산동자로서 설산에서 수행
하실 적의 일이다. 오로지 도만을 생각하며 수행에 여념이

없는 이 설산동자의 믿음이 부처가 될 수 있을 만큼 군건한 지를 시험해 보려고 불교를 수호하는 천신인 제석천왕이 사람을 잡아먹는 나찰귀로 변하여 내려왔다. 나찰귀신은 설산동자가 수행하고 있는 곳까지 와서 과거의 부처님이 말씀하신 게송을 읊었다.

'제행무상諸行無常 시생멸법是生滅法.'

이 게송을 들은 설산동자가 환희심을 내며 나찰에게 청하였다.

"당신은 어디에서 그 거룩한 시를 얻으셨습니까? 그 게송을 들으니 마치 연꽃이 피는 것처럼 마음이 열리는 듯합니다. 제게 나머지 게송을 들려주시지 않겠습니까?"

나찰은 내가 여러 날 굶어 허기가 져서 헛소리를 했을 뿐이라고 시치미를 떼었다. 설산동자는 나찰귀에게 나머지 게송을 들려주면 평생 당신의 제자가 되겠다며 다시 한 번 나머지 시를 들려줄 것을 청하였다.

나찰귀신은 배가 고파 죽을 지경이라 먹을 것, 즉 사람의 피와 살을 주면 나머지 게송을 들려주겠다고 하였다. 설산동자가 게송을 다 들려주면 무상한 자신의 몸을 먹이로 주

겠다고 약속하자 나찰은 나머지 게송을 마저 읊었다.

'생멸멸이生滅滅已 적멸위락寂滅爲樂.'

설산동자는 나머지 게송을 마저 듣고 기쁨에 겨워하며 중생들을 위해 바위와 나무에 이 게송을 새긴 후 나찰의 먹이가 되기 위해 벼랑에서 몸을 던졌다. 하지만 그의 몸이 땅에 떨어져 부서지기 전에 나찰이 본래의 제석천왕으로 변하여 설산동자를 공손히 받아 땅에 내려놓았다.

그때 하늘에서 꽃비가 내리며 아름다운 음악이 울려 퍼졌다. 그리고 그 광경을 지켜본 모든 천신과 삼천대천세계의 중생들이 설산동자의 지극한 구도 정신과 중생을 위한 서원에 감동하여 그에게 꽃을 바치며 그의 발아래 엎드려 찬탄하였다."라는 내용이다.

또 '제악막작諸惡莫作 중선봉행衆善奉行'이라는 칠불통게七佛通偈의 뜻도 밝혔다.

약 견 중 생　손 패 타 형　자 심 구 지　　영 사 죄
若見衆生이 損敗他形에 慈心救之하야 令捨罪

업_{하며} 若見如來_가 成最正覺_에 稱揚讚歎_{하야} 普使

業하며 若見如來가 成最正覺에 稱揚讚歎하야 普使

聞知_{하며} 或施於地_{하야} 造立僧坊_과 房舍殿堂_{하야}

以爲住處_{하고} 及施僮僕_{하야} 供承作役_{하며}

"만약 중생들이 다른 이의 신체를 해치는 것을 보거든 자비한 마음으로 구원하여 죄업을 버리게 하며, 만약 여래께서 정각을 이루심을 보거든 칭찬하고 찬탄하여 여러 사람들이 듣게 하며, 혹 땅을 보시하여 절이나 집이나 전당을 지어서 거처하게 하며, 또 시중들을 보내어 받들고 섬기게 하느니라."

악한 사람을 선한 길로 인도하는 것도 큰 보시이다. 부처님이 정각을 이룬 사실을 알고 크게 찬탄하여 여러 사람들에게 알리는 것도 큰 보시행이다. 하물며 땅을 보시하여 사찰이나 포교당을 열어 정법을 전파하게 한다면 그것은 얼마나 큰 보시행이 되겠는가. 머물 곳을 제공하고 동복이 되어 시중을 드는 것도 훌륭한 보시이다. 이와 같이 60종의 보시에는 없는 것이 없다.

혹이자신　시래걸자　혹시어불　위구
或以自身으로 **施來乞者**하며 **或施於佛**호대 **爲求**

법고　환희용약　위중생고　승사공양　혹
法故로 **歡喜踊躍**하고 **爲衆生故**로 **承事供養**하며 **或**

사왕위　성읍취락　궁전원림　처자권속
捨王位와 **城邑聚落**과 **宮殿園林**과 **妻子眷屬**하야

수소걸구　실만기원　혹사일체자생지물
隨所乞求하야 **悉滿其願**하며 **或捨一切資生之物**하야

보설무차대시지회
普設無遮大施之會하니라

"혹 자기의 몸을 구걸하는 이에게 주거나 부처님께
바치기도 하며, 법을 구하기 위하여 환희용약하고 중생
을 위하여 받들어 섬기고 공양하며, 혹은 임금의 지위
나 국성이나 촌락이나 궁전이나 원림園林이나 처자 권속
까지 버리어서 구걸하는 이의 소원을 만족케 하며, 혹
은 온갖 살림살이에 필요한 물건들을 베풀어 널리 막음
이 없는 큰 보시의 법회[無遮大會]를 베푸느니라."

다시 또 자기의 몸을 구걸하는 이에게 주거나 부처님께 바치거나 법을 구하려고 환희용약한다면 큰 보시이다. 또 중생에게 공양을 대접하고, 심지어 왕의 지위와 국성이나 촌락이나 궁전이나 원림圍林이나 처자 권속까지 버리어서 구걸하는 이의 소원을 만족케 하며, 혹은 온갖 살림살이에 필요한 물건들을 베풀어 보시한다면 이는 장애가 없고 차별이 없고 막음이 없는 큰 보시의 법회[無遮大會]이다. 여기까지 60종의 보시 명목을 열거하였다. 뒤에 이 60종의 보시를 하나하나 자세히 소개하고 그 사물이 상징하는 의미와 바라는 바를 더하여 설하였다.

(4) 평등하게 보시하다

其中衆生의 種種福田이 或從遠來하고 或從近
기 중 중 생　　종 종 복 전　　혹 종 원 래　　혹 종 근

來하며 或賢或愚와 或好或醜와 若男若女와 人與
래　　혹 현 혹 우　　혹 호 혹 추　　약 남 약 녀　　인 여

非人의 心行이 不同하고 所求가 各異라도 等皆施與
비 인　　심 행　　부 동　　소 구　　각 이　　등 개 시 여

실 령 만 족
하야 **悉令滿足**이니라

"그 가운데 중생들의 갖가지 복전福田이 혹은 먼 데서
왔거나 가까운 데서 왔거나, 어질거나 어리석거나, 아
름답거나 추하거나, 남자이거나 여자이거나, 사람이거
나 사람 아닌 이거나, 마음과 행동이 같지 않고 구걸하
는 것이 각각 다르더라도 평등하게 베풀어 주어 모두
만족케 하느니라."

보시할 대상을 평등하게 보아 차별하지 않음을 밝혔다.
보시를 받을 상대는 모두가 나의 복밭이다. 그러므로 혹은
먼 데서 왔거나 가까운 데서 왔거나, 어질거나 어리석거나,
아름답거나 추하거나, 남자이거나 여자이거나를 가리지
않고 평등하게 보시하여 모두를 만족하게 한다. 그동안 얼
마나 차별하고 분별하면서 사람들을 대하였던가. 자신에
게 복을 짓게 하려는 큰 복의 밭인데도 말이다. 깊이 성찰
할 일이다.

(5) 잘 거두는 마음을 내어 회향하다

불자   보살마하살   여시시시   발선섭심
佛子야 菩薩摩訶薩이 如是施時에 發善攝心하야

실이회향   소위선섭색   수순견고일체선
悉以廻向하나니 所謂善攝色하야 隨順堅固一切善

근   선섭수상행식   수순견고일체선근
根하며 善攝受想行識하야 隨順堅固一切善根하며

"불자들이여, 보살마하살이 이렇게 보시할 때에 잘 거두는 마음을 내어 회향하나니, 이른바 색음色陰을 잘 거두어서 견고한 일체 선근을 수순하며, 수음과 상음과 행음과 식음을 잘 거두어서 견고한 일체 선근을 수순하느니라."

보살이 보시할 때 잘 거두는[攝] 마음을 낸다는 것은 곧 다스리는 것이며, 단속하는 것이며, 조절하는 것이며, 가다듬는 것이며, 잡아매는 것 등의 뜻이다. 보살이 선근을 닦아 보시를 행할 때 색수상행식의 오온을 잘 거두어 다스리고 단속하여 견고한 일체 선근을 수순하라는 것이다. 만약 오온을 잘 거두지 않거나 단속하지 않으면 일체 선근의 회향은 무너지고 만다는 것이다. 그래서 잘 다스리는 마음을 내라고 하였다.

선섭왕위   수순견고일체선근   선섭권
善攝王位하야 隨順堅固一切善根하며 善攝眷

속   수순견고일체선근   선섭자구   수순
屬하야 隨順堅固一切善根하며 善攝資具하야 隨順

견고일체선근   선섭혜시   수순견고일체
堅固一切善根하며 善攝惠施하야 隨順堅固一切

선근
善根이니라

"국왕의 지위를 잘 거두어 견고한 일체 선근을 수순하며, 권속을 잘 거두어 견고한 일체 선근을 수순하며, 살림살이를 잘 거두어 견고한 일체 선근을 수순하며, 은혜롭게 보시하는 일을 잘 거두어 견고한 일체 선근을 수순하느니라."

보살이 제왕이 되어 보시를 행하는 경우를 가정하였으므로 제왕의 지위를 잘 거두어 다스리고 단속하여야 한다. 또한 자신의 권속들을 잘 다스리고 단속하여야 하며, 살림살이를 잘 거두어 다스려야 하며, 은혜롭게 보시하는 일을 잘 거두어 다스리고 단속하여 견고한 일체 선근을 수순하여야 한다.

(6) 60종의 보시

1〉 좋은 음식으로 중생에게 보시하다

불자 보살마하살 수소시물 무량무변
佛子야 菩薩摩訶薩이 隨所施物의 無量無邊하야

이피선근 여시회향 소위이상묘식
以彼善根으로 如是廻向하나니 所謂以上妙食으로

시중생시 기심청정 어소시물 무탐무착
施衆生時에 其心淸淨하야 於所施物에 無貪無着

무소고린 구족행시
하며 無所顧悋하고 具足行施니라

"불자들이여, 보살마하살이 보시하는 물건이 한량없고 그지없음을 따라서 그 선근으로 회향하나니, 이른바 좋은 음식으로 중생에게 보시할 적에 마음이 청정하여 보시하는 물건에 탐욕이 없고 집착이 없고 아끼는 생각이 없어서 구족하게 보시를 행하느니라."

보살이 좋은 음식으로 중생에게 보시하여 회향하는 것을 밝혔다. 보살이 좋은 음식으로 중생에게 보시할 적에 마음이 청정하여 보시하는 물건에 탐욕이 없고 집착이 없고 아끼는 생각이 없어서 구족하게 보시를 행하면서 아래와 같은 원을 세우는 것이다.

원 일 체 중 생　　득 지 혜 식　　심 무 장 애　　요 지
願一切衆生이 得智慧食하야 心無障礙하며 了知

식 성　무 소 탐 착　　단 락 법 희 출 리 지 식　　지 혜
食性이 無所貪着하고 但樂法喜出離之食하며 智慧

충 만　　이 법 견 주　　섭 취 선 근　　법 신 지 신　청
充滿하야 以法堅住하며 攝取善根하야 法身智身이 淸

정 유 행　　애 민 중 생　　위 작 복 전　　현 수 단 식
淨遊行하며 哀愍衆生하야 爲作福田하야 現受摶食

　　시 위 보 살 마 하 살　보 시 식 시　선 근 회 향
하나니 是爲菩薩摩訶薩의 布施食時에 善根廻向이니라

"원하기를 '일체 중생이 지혜의 음식을 얻어 마음에 장애가 없으며, 음식의 성품이 탐착할 것이 없음을 알고, 다만 법에 대한 기쁨으로 뛰어날 수 있는 음식을 좋아하며, 지혜가 충만하여 법으로 굳게 머물고 선근을 거두어 가져 법신法身과 지신智身이 청정하여 마음대로 다니며, 중생을 가엾게 여겨서 복전을 지으려고 뭉치어 먹는 밥[摶食]을 받아지이다.'라고 하느니라. 이것이 보살마하살이 음식을 보시할 적에 선근으로 회향하는 것이니라."

음식에 대해서는 지혜의 음식을 얻고, 탐착할 바가 없음을 알고, 법에 대한 기쁨으로 생사에서 뛰어날 수 있는 음식을 좋아하며, 지혜가 충만하여 법으로 굳게 머물고, 복전을 지으려고 뭉치어 먹는 밥[摶食]을 받아 지니기를 서원하는 것이다. 불교는 단순하게 음식만을 보시하는 것이 아니다. 그 음식에 불법을 포함하여 함께 보시를 해야 불교적 보시가 된다는 뜻이다. 이것이 보살마하살이 음식을 보시할 적에 선근으로 회향하는 것이다.

2〉마실 것을 보시하다

불자 보살마하살 약시음시 이차선근
佛子야 菩薩摩訶薩이 若施飮時에 以此善根으로

여시회향 소위원일체중생 음법미수 정
如是廻向호대 所謂願一切衆生이 飮法味水하고 精

근수습 구보살도 단세갈애 상구불지
勤修習하야 具菩薩道하며 斷世渴愛하고 常求佛智

하며

"불자들이여, 보살마하살이 만약 마실 것을 보시할
적에 이러한 선근으로 이와 같이 회향하느니라. 이른바
'원컨대 일체 중생이 법 맛의 물[法味水]을 마시고 부지
런히 닦아서 보살의 도道를 구족하며, 세간의 목마른 애
욕[渴愛]을 끊고 항상 부처님의 지혜를 구하여지이다.'라
고 하느니라."

보살이 마실 것을 보시하여 회향하는 것을 밝혔다. 일체
중생이 법 맛의 물[法味水]을 마시고 부지런히 닦아서 보살의
도道를 구족하며, 세간의 목마른 애욕[渴愛]을 끊고 항상 부
처님의 지혜를 구하기를 서원하는 것이 마실 것을 보시하고
나서 회향하는 길이다. 단순하게 마실 것만을 보시하는 것

은 불교적 보시가 아니다.

離欲境界하고 得法喜樂하며 從淸淨法하야 而生
其身하며 常以三昧코 調攝其心하며 入智慧海하야
興大法雲하고 霔大法雨니 是爲菩薩摩訶薩의 布
施飮時에 善根廻向이니라

"'욕심의 경계를 떠나 법에 대한 기쁨을 얻으며, 청
정한 법에서 몸이 생기고 항상 삼매로써 마음을 다스리
며, 지혜의 바다에 들어가 큰 법의 구름을 일으켜 큰 법
의 비를 내려지이다.' 라고 하느니라. 이것이 보살마하
살이 마실 것을 보시할 적에 회향하는 것이니라."

또 보살이 마실 것을 보시하고 이와 같이 회향한다. 갈
증이 심할 때 시원한 샘물을 한껏 마시고 난 뒤의 청량감과
만족감 등을 욕심의 경계를 떠나 법에 대한 기쁨을 얻음으

로 청정한 법에서 몸이 생기고 항상 삼매로써 마음을 다스림
으로 여기기를 원하는 것이다. 청정한 법에서 몸이 생긴다는
것은 불자가 법에 의해서 새롭게 탄생하는 것을 의미한다.
또 삼매로써 마음을 다스리며 지혜의 바다에 들어가 큰 법
의 구름을 일으켜 큰 법의 비가 내려지기를 원하는 것이 마
실 것을 보시할 때의 회향법이다.

3〉 훌륭한 맛[上味]으로 보시하다

불자야 보살마하살이 보시 종종청정상미
佛子야 **菩薩摩訶薩**이 **布施種種清淨上味**하나니

소위신산함담과 급이감고의 종종제미가 윤택구
所謂辛酸鹹淡과 **及以甘苦**의 **種種諸味**가 **潤澤具**

족하야 능령사대로 안은조화하야 기체영만하고 기
足하야 **能令四大**로 **安隱調和**하야 **肌體盈滿**하고 **氣**

력강장하며 기심청정하야 상득환희하며
力彊壯하며 **其心清淨**하야 **常得歡喜**하며

"불자들이여, 보살마하살이 갖가지 훌륭한 맛으로 보
시하나니, 이른바 맵고 시고 짜고 싱겁고 달고 쓴 따위

의 갖가지 맛이니라. 윤택하고 구족하여 사대육신으로
하여금 편안하고 화평하여 신체가 충실하고 기운이 강
건하며 마음이 청정하여 항상 환희하느니라."

보시의 처음에는 '좋은 음식[上妙食]'이라 하였고, 다음에
는 '마실 것'이라 하였고, 다음에는 '훌륭한 맛[上味]'이라고 하
면서 신산함담감고辛酸鹹淡甘苦 등의 여러 가지 맛을 구체적으
로 열거하였다. 사람은 하루라도 음식을 먹지 아니하면 안
된다. 또 이 음식으로 생명을 유지한다. 음식은 곧 생명이
다. 그러므로 모든 생명체에 음식보다 더 중요한 것은 없다.
음식을 먹되 여러 가지를 골고루 먹어야 한다는 이치도 여섯
가지 맛에서 보여 주고 있다.

연 저 지 시　　불 해 불 역　　　제 근 명 리　　　내 장
咽咀之時에 **不欬不逆**하야 **諸根明利**하고 **內藏**

충 실　　　독 불 능 침　　병 불 능 상　　　시 종 무 환
充實하며 **毒不能侵**하고 **病不能傷**하며 **始終無患**하야

영 득 안 락
永得安樂이니라

"씹고 삼킬 때에도 기침이 나거나 구역질하지 아니하며, 모든 근根이 상쾌하고 내장이 충실하며, 독기가 침노하지 못하고, 병이 손상하지 못하며, 처음부터 나중까지 근심이 없어 길이 안락하느니라."

'좋은 음식[上妙食]'을 먹으면 위와 같은 불편한 일은 있을 수 없다. 맛도 좋으려니와 삼키기도 매끄럽고 소화도 잘된다. 그리고 먹는 순간부터 생기가 돌고 정신이 맑아지며 힘이 충실해짐을 느낀다.

이 차 선 근　　여 시 회 향　　　소 위 원 일 체 중 생
以此善根으로 **如是廻向**호대 **所謂願一切衆生**이

득 최 상 미　　감 로 충 만　　원 일 체 중 생　　득 법 지
得最上味하야 **甘露充滿**하며 **願一切衆生**이 **得法智**

미　　요 지 일 체 제 미 업 용　　　원 일 체 중 생　　득 무
味하야 **了知一切諸味業用**하며 **願一切衆生**이 **得無**

량 법 미　　요 달 법 계　　안 주 실 제 대 법 성 중
量法味하야 **了達法界**하야 **安住實際大法城中**하며

"이 선근으로 이와 같이 회향하느니라. 이른바 일체 중생이 가장 좋은 맛을 얻어 감로甘露가 충만하기를 원하며, 일체 중생이 법과 지혜의 맛을 얻어 모든 맛의 작용을 알게 되기를 원하며, 일체 중생이 한량없는 법의 맛을 얻어 법계를 통달하고 실제實際인 큰 법의 성중에 머물기를 원하느니라."

훌륭한 음식으로 보시하여 회향할 때에 열 가지 서원을 발한다. "감로甘露가 충만하기를 원하는 것"은 불생불멸의 해탈을 증득하기를 원하는 것이다. "법과 지혜의 맛"이라 하였는데 법이야말로 진정 훌륭한 맛이며 지혜야말로 가장 제일의 맛이다. 그래서 법의 맛을 얻어 법계를 통달하고 실제實際인 큰 법의 성중에 머물 수 있는 것이다.

원 일 체 중 생　　작 대 법 운　　주 변 법 계　　보
願一切衆生이 **作大法雲**하야 **周徧法界**하야 **普**

우 법 우　　교 화 조 복 일 체 중 생　　원 일 체 중 생
雨法雨하야 敎化調伏一切衆生하며 願一切衆生이

득 승 지 미　　무 상 법 희　　충 만 신 심
得勝智味하야 無上法喜가 充滿身心하며

　"'원컨대 일체 중생이 큰 법의 구름이 되어 법계에
두루 하며 법의 비를 널리 내려 일체 중생을 교화하고
조복하여지이다.'라고 하며, '원컨대 일체 중생이 수승
한 지혜의 맛을 얻어 위없는 법에 대한 즐거움이 몸과
마음에 가득하여지이다.'라고 하느니라."

　훌륭한 음식을 보시할 때에 회향하는 서원 중에 "일체 중
생이 모두 큰 법의 구름이 되어 법계에 두루 하며, 또 법의 비
를 널리 내려 다시 일체 중생을 교화하고 조복하기를 원한
다."는 내용은 오랜 가뭄 끝에 단비가 듬뿍 내려 온 산천을
흡족하게 적실 때의 광경과 같아지기를 서원하는 것이다. 바
른 진리의 가르침으로 모든 사람들이 귀가 열리고 눈이 밝
아져서 마음이 일체 장애에서 해탈하기를 간절히 바라는 것
이다. 그것이 곧 "수승한 지혜의 맛을 얻어 위없는 법에 대한
즐거움이 몸과 마음에 가득한 일"이다.

원 일 체 중 생　　득 무 탐 착 일 체 상 미　　불 염 세
願一切衆生이 **得無貪着一切上味**하야 **不染世**

간 일 체 제 미　　상 근 수 습 일 체 불 법　　원 일 체 중
間一切諸味하고 **常勤修習一切佛法**하며 **願一切衆**

생　　득 일 법 미　　요 제 불 법　　실 무 차 별　　원 일
生이 **得一法味**하야 **了諸佛法**이 **悉無差別**하며 **願一**

체 중 생　　득 최 승 미　　승 일 체 지　　종 무 퇴 전
切衆生이 **得最勝味**하야 **乘一切智**하야 **終無退轉**하며

"'원컨대 일체 중생이 탐착이 없는 일체 좋은 맛들을
얻어 세간의 맛에 물들지 않고 일체 불법佛法을 부지런
히 닦아지이다. 원컨대 일체 중생이 한 가지 법의 맛을
얻어 모든 불법이 차별 없음을 알아지이다. 원컨대 일
체 중생이 가장 좋은 맛을 얻고 일체 지혜에 의지하여
퇴전하지 않아지이다.' 라고 하느니라."

훌륭한 음식을 보시할 때에 회향하는 서원으로서 "탐착
이 없는 일체 좋은 맛들을 얻어 세간의 맛에 물들지 않고 일
체 불법을 부지런히 닦기를 원하는 것"이다. 아무리 맛있는
음식을 먹더라도 세간의 맛에 물들지 않고 일체 불법을 부지
런히 닦기를 서원하여야 한다.

불교에 '스님이 미소 짓는다.'는 뜻의 승소僧笑라는 말이 있다. 떡과 함께 국수를 스님들이 좋아한다고 해서 생긴 말이다. 화두를 들고 참선에 몰두하던 스님도 국수를 보면 화두를 잊어버린다는 말이 있다. 또 대중들이 국수를 공양할 때 100명이 같이 공양을 하더라도 서너 사람에게 국수가 돌아가면 죽비를 먼저 쳐 버린다. 국수를 받아놓고는 빨리 먹고 싶어서 기다릴 수 없기 때문이다. 부디 국수를 받더라도 중생을 위한 훌륭한 서원을 세워 회향한 뒤에 먹어야 하리라.

원 일 체 중 생　　득 입 제 불 무 이 법 미　　실 능 분
願一切衆生이 得入諸佛無異法味하야 悉能分

별 일 체 제 근　　원 일 체 중 생　　법 미 증 익　　상 득
別一切諸根하며 願一切衆生이 法味增益하야 常得

만 족 무 애 불 법　　시 위 보 살 마 하 살　　보 시 미
滿足無礙佛法이니라 是爲菩薩摩訶薩의 布施味

시　선 근 회 향　　위 령 일 체 중 생　　근 수 복 덕
時에 善根廻向이니 爲令一切衆生으로 勤修福德하야

개 실 구 족 무 애 지 신 고
皆悉具足無礙智身故니라

"'원컨대 일체 중생이 모든 부처님의 다르지 않은 법
의 맛을 얻어 일체 모든 근성을 잘 분별하여지이다. 원
컨대 일체 중생이 법의 맛이 증장하여 걸림 없는 불법
에 항상 만족하여지이다.'라고 하느니라. 이것이 보살
마하살이 맛을 보시할 때에 선근으로 회향하는 것이니
라. 일체 중생으로 하여금 복덕을 부지런히 닦아서 걸
림 없는 지혜의 몸을 모두 다 구족하게 하려는 까닭이
니라."

홀륭한 음식을 보시할 때 회향하는 서원으로서 또 부처
님의 다르지 않은 법의 맛을 얻고, 법의 맛이 증장하여 걸림
없는 불법에 항상 만족하기를 원하는 것이다. 그 까닭은 일
체 중생으로 하여금 복덕을 부지런히 닦아서 걸림 없는 지혜
의 몸을 모두 다 구족하게 하려는 것이다. 식사를 한 끼 대
접하고도 이와 같이 회향하는 것이 보살의 마음이다.

4) 수레 등속[車乘]으로 보시하다

불자 보살마하살 시거승시 이제선근
佛子야 **菩薩摩訶薩**이 **施車乘時**에 **以諸善根**으로

여시회향 소위원일체중생 개득구족일체
如是廻向호대 **所謂願一切衆生**이 **皆得具足一切**

지승 승어대승 불가괴승 최승승 최상
智乘하야 **乘於大乘**과 **不可壞乘**과 **最勝乘**과 **最上**

승 속질승 대력승 복덕구족승 출세간승
乘과 **速疾乘**과 **大力乘**과 **福德具足乘**과 **出世間乘**과

출생무량제보살승 시위보살마하살 시거
出生無量諸菩薩乘이니 **是爲菩薩摩訶薩**의 **施車**

승시 선근회향
乘時에 **善根廻向**이니라

"불자들이여, 보살마하살이 수레 등속[車乘]으로 보시
할 적에 모든 선근으로 이와 같이 회향하느니라. 이른
바 '원컨대 일체 중생이 일체 지혜의 법을 구족하여 대
승과 깨뜨릴 수 없는 법[乘]과 가장 수승한 법과 가장 높
은 법과 가장 빠른 법과 큰 힘 갖춘 법과 복덕이 구족
한 법과 출세간하는 법과 무량한 보살을 내는 법에 올
라타게 하여지이다.' 라고 하나니, 이것이 보살마하살이

수레 등속을 보시할 때에 선근으로 회향하는 것이니라.”

　수레 등속[車乘]은 이동할 때 활용하는 교통수단이다. 가마나 수레나, 요즘으로는 자전거도 되고 휠체어도 되고 자동차도 되고 버스도 되고 배도 되고 비행기도 된다. 이와 같은 것을 보시할 때에 회향하는 원이다. 단순히 탈것을 탄다고 생각하지 말고 ‘일체 중생이 일체 지혜의 법을 구족하여 대승과 깨뜨릴 수 없는 법[乘]과 가장 수승한 법과 가장 높은 법 등에 올라타게 하여지이다.’라고 서원하는 것이다.

5〉 옷으로 보시하다

불자　보살마하살　보시의시　이제선근
佛子야 菩薩摩訶薩이 布施衣時에 以諸善根으로

여시회향　소위원일체중생　득참괴의
如是廻向호대 所謂願一切衆生이 得慚愧衣하야

이부기신　사리사도　노형악법　안색윤택
以覆其身하고 捨離邪道의 露形惡法하며 顔色潤澤

하고 皮膚細軟하야 成就諸佛第一之樂하고 得最清

淨一切種智니 是爲菩薩摩訶薩의 布施衣時에 善

根廻向이니라

　"불자들이여, 보살마하살이 옷으로 보시할 때에 모든 선근으로 이와 같이 회향하느니라. 이른바 '원컨대 일체 중생이 부끄러워서 옷으로 몸을 가리며, 삿된 외도들의 알몸을 드러내는 나쁜 법을 버리며, 얼굴이 윤택하고 피부가 부드러워 모든 부처님의 첫째가는 낙을 성취하고 가장 청정한 일체 지혜를 얻어지이다.' 라고 하느니라. 이것이 보살마하살이 옷을 보시할 때에 선근으로 회향하는 것이니라."

　옷으로 보시할 때에는 옷을 입어 아름답게 하고 잘나게 하며 얼굴이 윤택하고 피부가 부드러워 모든 부처님의 첫째가는 낙을 성취하고 가장 청정한 일체 지혜를 얻어지기를 원한다.

6〉 갖가지 꽃으로 보시하다

佛子야　菩薩摩訶薩이　常以種種名華로　布施
하나니　所謂微妙香華와　種種色華와　無量奇妙華와
善見華와　可喜樂華와　一切時華와　天華와　人華와
世所珍愛華와　甚芬馥悅意華라

"불자들이여, 보살마하살이 항상 갖가지 훌륭한 꽃으로 보시하느니라. 이른바 미묘하고 향기로운 꽃과 갖가지 빛깔의 꽃과 한량없는 기묘한 꽃과 보기 좋은 꽃과 기쁜 꽃과 어느 때나 피는 꽃과 하늘 꽃과 인간 꽃과 세상에서 사랑하는 꽃과 매우 향기롭고 뜻에 맞는 꽃이니라."

꽃으로 보시하는 데 열 가지 꽃을 들었다. 하늘 꽃도 있고 사람 꽃도 있다. 필자는 불교를 꽃으로 표현할 때 네 가지 꽃으로 말한다. 불교의 지혜는 밝은 꽃이며, 불교의 자비는 아름다운 꽃이며, 불교의 교화는 향기로운 꽃이며, 불교의 원력은 싱싱한 꽃이라고 하였다. 꽃도 밝고 아름답고 향기롭고 싱싱해야 사람들이 좋아하듯이 불교도 지혜와 자비와 교화와 원력이 완전하게 갖춰졌을 때 세상에서 환영을 받는다.

이여시등무량묘화　　공양일체현재제불
以如是等無量妙華로　供養一切現在諸佛과

급불멸후소유탑묘　　혹이공양설법지인
及佛滅後所有塔廟하며　或以供養說法之人하며

혹이공양비구승보　일체보살　제선지식　성
或以供養比丘僧寶와　一切菩薩과　諸善知識과　聲

문독각　부모종친　하지자신　급여일체빈궁
聞獨覺과　父母宗親과　下至自身과　及餘一切貧窮

고로　　보시지시　이제선근　　여시회향
孤露하야　布施之時에　以諸善根으로　如是廻向이니라

"이와 같은 한량없는 아름다운 꽃으로 일체 현재의 모든 부처님과 또한 부처님께서 열반하신 뒤 탑에 공양하느니라. 혹은 법을 말하는 사람에게 공양하고, 비구 스님들과 일체 보살과 모든 선지식과 성문과 독각과 부모와 친척과 아래로 자신과 그리고 일체 모든 가난하고 고독한 사람들에게 공양할 적에 이 모든 선근으로 이와 같이 회향하느니라."

꽃을 누구에게 공양하는가. 부처님께 공양하고 부처님의 탑에 공양하고 법사와 비구스님과 보살과 선지식과 성문과 독각과 부모와 친척과 일체 가난하고 헐벗은 사람에게 공양한다. 이와 같은 꽃 공양으로 회향한다. 꽃은 누구나 좋아한다. 또한 꽃은 어떤 곳에 두어도 환영받는다. 심지어 화장실에서 더 소중해 보이고 빛나 보인다. 불교에서 일찍이 꽃을 많이 사용하였기 때문에 꽃에 얽힌 이야기도 많다. 화혼식華婚式이니 화도花道니 꽃꽂이까지 불교에서 출발한 것이라 한다. 꽃을 공양할 때 반드시 아래에 열거한 서원을 생각하여 회향해야 할 것이다.

소 위 원 일 체 중 생 　 개 득 제 불 삼 매 지 화 　 실
所謂願一切衆生이 皆得諸佛三昧之華하야 悉

능 개 부 일 체 제 법 　 원 일 체 중 생 　 개 득 여 불
能開敷一切諸法하며 願一切衆生이 皆得如佛하야

견자환희   심무염족   원일체중생   소견순
見者歡喜하야 心無厭足하며 願一切衆生이 所見順

협   심무동란
愜하야 心無動亂하며

"이른바 '원컨대 일체 중생이 모든 부처님의 삼매의
꽃을 얻어 일체 모든 법을 펴게 하며, 원컨대 일체 중생
이 모두 부처님과 같아서 보는 이가 환희하여 싫어함을
모르게 하며, 원컨대 일체 중생이 소견이 순하여 마음
이 혼란하지 않아지이다.' 라고 하느니라."

꽃으로 공양할 때 어떻게 회향하는가. 일체 중생이 모든
부처님의 삼매의 꽃을 얻어 일체 모든 법을 꽃처럼 펴게 되기
를 원한다. 일체 중생이 부처님과 같아서 보는 이가 환희하
기를 원한다. 또 일체 중생이 소견이 순하여 마음이 혼란하
지 않기를 원한다.

원일체중생   구행광대청정지업   원일체
願一切衆生이 具行廣大淸淨之業하며 願一切

중생　　　　상념선우　　　심무변이　　　원일체중생
衆生이 常念善友하야 心無變異하며 願一切衆生이

여아가타약　　　　능제일체번뇌중독　　　　원일체
如阿伽陀藥하야 能除一切煩惱衆毒하며 願一切

중생　　성만대원　　　개실득위무상지왕
衆生이 成滿大願하야 皆悉得爲無上智王하며

　"'원컨대 일체 중생이 광대하고 청정한 업을 갖춰 행
하며, 원컨대 일체 중생이 항상 선지식을 생각하여 마
음에 변동하지 않으며, 원컨대 일체 중생이 아가타阿伽陀
의 약과 같이 일체 번뇌의 온갖 독을 없애며, 원컨대 일
체 중생이 큰 원을 만족하여 위없는 지혜의 왕을 얻어
지이다.'라고 하느니라."

　꽃을 공양하여 회향할 때에 일체 중생이 광대하고 청정
한 업을 갖춰 행하기를 원하며, 일체 중생이 항상 선지식을
생각하여 마음에 변동하지 않기를 원하며, 일체 중생이 아
가타阿伽陀의 약과 같이 일체 번뇌의 온갖 독을 없애기를 원
하며, 일체 중생이 큰 원을 만족하여 위없는 지혜의 왕을 얻
기를 원해야 한다.

아가타阿伽陀란 아게타阿揭陀, 아갈타阿竭陀라고도 한다.
약제藥劑의 이름으로 번역하면 보거普去, 무병無病, 무가無價라
하며, 온갖 병을 다 고친다는 인도의 영약靈藥이다. 변하여
불사약不死藥이라 하며 모든 번뇌를 없애는 영묘한 힘이 있다
고 한다.

원 일 체 중 생　　지 혜 일 광　　　파 우 치 암　　　원 일
願一切衆生이 智慧日光으로 破愚癡暗하며 願一

체 중 생　　보 리 정 월　　증 장 만 족　　　원 일 체 중 생
切衆生이 菩提淨月이 增長滿足하며 願一切衆生이

입 대 보 주　　　견 선 지 식　　구 족 성 취 일 체 선 근
入大寶洲하야 見善知識하야 具足成就一切善根

　　　　　시 위 보 살 마 하 살　　보 시 화 시　　선 근 회 향
이니라 是爲菩薩摩訶薩의 布施華時에 善根廻向이니

위 령 중 생　　개 득 청 정 무 애 지 고
爲令衆生으로 皆得淸淨無礙智故니라

"'원컨대 일체 중생이 지혜의 햇빛으로 어리석음의 어
둠을 깨뜨리며, 원컨대 일체 중생이 보리菩提의 밝은 달
이 만족하고 증장하며, 원컨대 일체 중생이 큰 보물섬에

들어가 선지식을 친견하고 일체 선근을 구족하게 이루어지이다.'라고 하느니라. 이것이 보살마하살이 꽃을 보시할 때에 선근으로 회향하는 것이니라. 중생들로 하여금 청정하고 걸림 없는 지혜를 얻게 하려는 연고이니라."

또 꽃을 공양하여 회향할 때에 일체 중생이 지혜의 햇빛으로 어리석음의 어둠을 깨뜨리기를 원하며, 일체 중생이 보리菩提의 밝은 달이 만족하고 증장하기를 원하며, 일체 중생이 큰 보물섬에 들어가 선지식을 친견하고 일체 선근을 구족하게 되기를 원해야 한다.

7〉 꽃다발로 보시하다

불 자　　보 살 마 하 살　　보 시 만 시　　이 제 선 근
佛子야 **菩薩摩訶薩**이 **布施鬘時**에 **以諸善根**으로

여 시 회 향　　　소 위 원 일 체 중 생　　인 소 락 견
如是廻向호대 **所謂願一切衆生**을 **人所樂見**으로

견 자 흠 탄　　　견 자 친 선　　　견 자 애 락　　　견 자 갈
見者欽歎하며 **見者親善**하며 **見者愛樂**하며 **見者渴**

앙   견 자 제 우   견 자 생 희   견 자 이 악   견
仰하며 見者除憂하며 見者生喜하며 見者離惡하며 見

자 상 득 친 근 어 불   견 자 청 정   획 일 체 지
者常得親近於佛하며 見者淸淨하야 獲一切智니

시 위 보 살 마 하 살   보 시 만 시   선 근 회 향
是爲菩薩摩訶薩의 布施鬘時에 善根廻向이니라

"불자들이여, 보살마하살이 꽃다발을 보시할 적에 모
든 선근으로 이와 같이 회향하느니라. 이른바 '원컨대
일체 중생을 사람들이 보기를 좋아하여 보는 이가 칭찬
하고, 보는 이가 친선하고, 보는 이가 사랑하고, 보는
이가 우러르고, 보는 이가 걱정이 없어지고, 보는 이가
기뻐하고, 보는 이가 악을 여의고, 보는 이가 항상 부처
님을 친근하고, 보는 이가 청정하여 온갖 지혜를 얻어
지이다.'라고 하느니라. 이것이 보살마하살이 꽃다발을
보시할 때에 선근으로 회향하는 것이니라."

꽃다발은 보통의 꽃보다 더욱 아름답고 풍성하고 향기
도 넘쳐나서 보는 이가 흡족함을 느낀다. 그래서 손님을 영
접할 때 꽃다발을 걸어 주는 의식이 성행한다. 그와 같이 어

떤 중생이든 중생을 볼 때 보기를 좋아하여 보는 이가 칭찬하고, 보는 이가 친선하고, 보는 이가 사랑하고, 보는 이가 우러르고, 보는 이가 걱정이 없어지고, 보는 이가 기뻐하고, 보는 이가 악을 여의기를 원하는 것이 꽃다발을 공양하여 회향하는 것이다.

8) 향香으로 보시하다

불자   보살마하살   보시향시   이제선근
佛子야 菩薩摩訶薩이 布施香時에 以諸善根으로

여시회향   원일체중생   구족계향   득불결
如是廻向호대 願一切衆生이 具足戒香하야 得不缺

계   부잡계   불오계   무회계   이전계   무열
戒와 不雜戒와 不汚戒와 無悔戒와 離纏戒와 無熱

계   무범계   무변계   출세계   보살바라밀계
戒와 無犯戒와 無邊戒와 出世戒와 菩薩波羅蜜戒하며

"불자들이여, 보살마하살이 향을 보시할 적에 모든 선근으로 이와 같이 회향하느니라. '원컨대 일체 중생이 계향戒香을 구족하여 모자라지 않는 계戒와 섞이지 않

는 계와 더럽히지 않는 계와 뉘우침이 없는 계와 얽매임을 여읜 계와 열기가 없는 계와 범함이 없는 계와 그지없는 계와 출세간 계와 보살의 바라밀다 계를 얻게 하여지이다.' 라고 하느니라."

향은 사람의 정신을 맑게 하여 번뇌를 제거하고 또한 나쁜 냄새를 물리친다. 그래서 불교 가르침의 근간이 되는 계정혜 삼학三學과 해탈과 해탈지견을 오분법신향五分法身香이라 하였다. 다섯 가지 진리의 향기라는 뜻이다. 향을 보시할 때 경문에서 밝힌 계향을 구족하고 여러 가지 계와 오분법신향을 얻기를 서원한다면 훌륭한 회향이 될 것이다.

원 일 체 중 생   이 시 계 고   개 득 성 취 제 불 계
願一切衆生이 以是戒故로 皆得成就諸佛戒

신   시 위 보 살 마 하 살   보 시 향 시   선 근 회 향
身이니 是爲菩薩摩訶薩의 布施香時에 善根廻向

위 령 중 생   실 득 원 만 무 애 계 온 고
이니 爲令衆生으로 悉得圓滿無礙戒蘊故니라

"'원컨대 일체 중생이 이 계로 말미암아 모든 부처님의 계의 몸[戒身]을 성취하여지이다.'라고 하느니라. 이것이 보살마하살이 향을 보시할 때에 선근으로 회향하는 것이니라. 중생들로 하여금 원만하고 걸림 없는 계의 덩어리를 얻게 하려는 연고이니라."

향을 보시할 때에 서원한 이 계로 말미암아 일체 중생이 모든 부처님의 계의 몸[戒身]을 성취하기를 서원한다. 이것이 향을 보시한 선근으로 회향하는 것이다.

9) 바르는 향으로 보시하다

불 자   보 살 마 하 살   시 도 향 시   이 제 선 근
佛子야 菩薩摩訶薩이 施塗香時에 以諸善根으로

여 시 회 향   소 위 원 일 체 중 생   시 향 보 훈   실
如是廻向호대 所謂願一切衆生이 施香普熏하야 悉

능 혜 사 일 체 소 유   원 일 체 중 생   계 향 보 훈
能惠捨一切所有하며 願一切衆生이 戒香普熏하야

득 어 여 래 구 경 정 계   원 일 체 중 생   인 향 보 훈
得於如來究竟淨戒하며 願一切衆生이 忍香普熏

離於一切險害之心하며
이 어 일 체 험 해 지 심
하야

"불자들이여, 보살마하살이 바르는 향을 보시할 적에 모든 선근으로 이와 같이 회향하느니라. 이른바 '원컨대 일체 중생이 보시하는 향이 널리 풍기어 일체 소유한 것을 모두 베풀어지이다.'라고 하며, '원컨대 일체 중생이 계행을 지니는 향이 널리 풍기어 여래의 끝까지 청정한 계를 얻어지이다.'라고 하며, '원컨대 일체 중생이 인욕의 향이 널리 풍기어 일체 음해하는 마음을 떠나지이다.'라고 하느니라."

향에는 불에 사르는 향과 가루 향과 먹는 향과 뿌리는 향과 몸에 바르는 향 등이 있다. 여기서는 몸에 바르는 향이다. 이 향을 보시하면서 일체 중생이 보시하는 향이 널리 풍기어 일체 소유한 것을 모두 베풀기를 서원한다. 또 여래의 청정한 계를 얻기를 서원하며, 인욕의 향이 널리 풍기어 일체 음해하는 마음을 떠나기를 서원한다.

원일체중생　　정진향보훈　　　상복대승정진
願一切衆生이 精進香普熏하야 常服大乘精進

갑주　　원일체중생　　정향보훈　　　안주제불
甲冑하며 願一切衆生이 定香普熏하야 安住諸佛

현전삼매　　원일체중생　　혜향보훈　　　일념득
現前三昧하며 願一切衆生이 慧香普熏하야 一念得

성무상지왕　　원일체중생　　법향보훈　　　어무
成無上智王하며 願一切衆生이 法香普熏하야 於無

상법　　득무소외
上法에 得無所畏하며

　　"'원컨대 일체 중생이 정진하는 향이 널리 풍기어
대승의 정진하는 갑옷을 항상 입어지이다.' 라고 하며,
'원컨대 일체 중생이 선정하는 향이 널리 풍기어 모든
부처님이 앞에 나타나는 삼매에 머물러지이다.' 라고 하
며, '원컨대 일체 중생이 지혜의 향이 널리 풍기어 한
생각에 위없는 지혜의 왕을 이루어지이다.' 라고 하며,
'원컨대 일체 중생이 법의 향이 널리 풍기어 위없는 법
에 두려움이 없어지이다.' 라고 하느니라."

　　바르는 향을 보시하면서 또 발원으로 회향한다. 정진의

향과 선정의 향과 지혜의 향과 법의 향이 널리 두루 풍기어
모두 다 성취되기를 서원하여 회향한다.

원 일 체 중 생　　덕 향 보 훈　　성 취 일 체 대 공 덕
願一切衆生이 德香普熏하야 成就一切大功德

지　　원 일 체 중 생　　보 리 향 보 훈　　득 불 십 력
智하며 願一切衆生이 菩提香普熏하야 得佛十力하야

도 어 피 안　　원 일 체 중 생　　청 정 백 법 묘 향 보 훈
到於彼岸하며 願一切衆生이 淸淨白法妙香普熏

　　영 멸 일 체 불 선 지 법　　시 위 보 살 마 하 살　　시
하야 永滅一切不善之法이니 是爲菩薩摩訶薩의 施

도 향 시　　선 근 회 향
塗香時에 善根廻向이니라

"'원컨대 일체 중생이 덕의 향이 널리 풍기어 일체
큰 공덕 지혜를 성취하여지이다.'라고 하며, '원컨대 일
체 중생이 보리의 향이 널리 풍기어 부처님의 십력+力
을 얻어 저 언덕에 이르러지이다.'라고 하며, '원컨대
일체 중생이 청정한 선한 법[白法]의 묘한 향이 널리 풍
기어 일체 선하지 못한 법을 영원히 멸하여지이다.'라

고 하느니라. 이것이 보살마하살이 바르는 향을 보시할
때에 선근으로 회향하는 것이니라."

바르는 향을 보시하면서 또 발원으로 회향한다. 중생들
이 덕의 향과 보리의 향과 청정한 선한 법[白法]의 묘한 향 등
이 널리 풍기어 모두 다 성취되어지기를 서원한다. 이것이 보
살마하살이 바르는 향을 보시할 때에 선근으로 회향하는
것이다.

10〉 평상[床座]을 보시하다

불자   보살마하살   시상좌시   이제선근
佛子야 菩薩摩訶薩이 施床座時에 以諸善根으로

여시회향   소위원일체중생   득제천상좌
如是廻向호대 所謂願一切衆生이 得諸天床座하야

증대지혜   원일체중생   득현성상좌   사범
證大智慧하며 願一切衆生이 得賢聖床座하야 捨凡

부의   주보리심   원일체중생   득안락상좌
夫意하고 住菩提心하며 願一切衆生이 得安樂床座

영 리 일 체 생 사 고 뇌
하야 永離一切生死苦惱하며

"불자들이여, 보살마하살이 평상을 보시할 적에 모든 선근으로 이와 같이 회향하느니라. 이른바 '원컨대 일체 중생이 천상의 평상을 얻어 큰 지혜를 증득하여지이다.'라고 하며, '원컨대 일체 중생이 성현의 평상을 얻어 범부의 뜻을 버리고 보리심에 머물러지이다.'라고 하며, '원컨대 일체 중생이 안락한 평상을 얻어 모든 생사의 괴로움과 번뇌를 여의어지이다.'라고 하느니라."

평상[床座]이란 앉고 눕고 좌선도 하는, 일상생활에서 가장 많이 사용되는 것이다. 보살이 평상을 보시하면서 이와 같이 회향한다. 일체 중생이 천상의 평상을 얻어 큰 지혜를 증득하기를 서원한다. 또 성현의 평상을 얻어 범부의 뜻을 버리고 보리심에 머물기를 서원한다. 또 안락한 평상을 얻어 모든 생사의 괴로움과 번뇌를 여의기를 서원한다.

원 일 체 중 생　　득 구 경 상 좌　　득 견 제 불 자 재
願一切衆生이 得究竟床座하야 得見諸佛自在

신 통　　원 일 체 중 생　　득 평 등 상 좌　　항 보 훈 수
神通하며 願一切衆生이 得平等床座하야 恒普熏修

일 체 선 법　　원 일 체 중 생　　득 최 승 상 좌　　구 청
一切善法하며 願一切衆生이 得最勝床座하야 具淸

정 업　　세 무 여 등　　원 일 체 중 생　　득 안 은 상 좌
淨業하야 世無與等하며 願一切衆生이 得安隱床座

　　중 진 실 법　　구 족 구 경
하야 證眞實法하야 具足究竟하며

"'원컨대 일체 중생이 구경究竟에 이르는 평상을 얻어 모든 부처님의 자재한 신통을 보아지이다.'라고 하며, '원컨대 일체 중생이 평등한 평상을 얻어 일체 선한 법을 항상 두루 닦아지이다.'라고 하며, '원컨대 일체 중생이 가장 좋은 평상을 얻어 청정한 업을 갖추어서 세상에 짝할 이 없어지이다.'라고 하며, '원컨대 일체 중생이 편안한 평상을 얻어 진실한 법을 증득하고 끝까지 구족하여지이다.'라고 하느니라."

보살이 평상을 보시하면서 또 이와 같이 회향한다. 부처

님의 자재한 신통을 보며, 일체 선한 법을 항상 두루 닦으며, 청정한 업을 갖추어서 세상에 짝할 이 없으며, 진실한 법을 증득하고 끝까지 구족하기를 서원한다.

원 일 체 중 생   득 청 정 상 좌   수 습 여 래 정 지
願一切衆生이 得淸淨床座하야 修習如來淨智

경 계   원 일 체 중 생   득 안 주 상 좌   득 선 지 식
境界하며 願一切衆生이 得安住床座하야 得善知識이

상 수 부 호   원 일 체 중 생   득 사 자 상 좌   상 여
常隨覆護하며 願一切衆生이 得獅子床座하야 常如

여 래 우 협 이 와   시 위 보 살 마 하 살   시 상 좌 시
如來右脇而臥니 是爲菩薩摩訶薩의 施床座時에

선 근 회 향   위 령 중 생   수 습 정 념   선 호 제
善根廻向이니 爲令衆生으로 修習正念하야 善護諸

근 고
根故니라

"'원컨대 일체 중생이 청정한 평상을 얻어 여래의 청정한 지혜의 경계를 닦아지이다.'라고 하며, '원컨대 일체 중생이 편안히 머무는 평상을 얻어 선지식이 항상

따르고 보호하게 되어지이다.'라고 하며, '원컨대 일체
중생이 사자좌를 얻어 여래와 같이 항상 오른쪽 옆으로
누워지이다.'라고 하느니라. 이것이 보살마하살이 평상
을 보시할 적에 선근으로 회향하는 것이니라. 중생들로
하여금 바른 생각을 닦아서 모든 근을 잘 보호하려는
연고이니라."

또 여래의 청정한 지혜의 경계를 닦으며, 선지식이 항상
따르고 보호하게 되며, 여래와 같이 항상 오른쪽 옆으로 누
워지기를 원한다. 여래는 항상 우협으로 누워 쉬기도 하고
잠을 자며, 열반에 드실 때도 우협으로 누워 열반에 드셨다.
이것이 평상을 보시할 때 회향하는 서원이다.

11〉 방사房舍를 보시하다

불 자   보 살 마 하 살   시 방 사 시   이 제 선 근
佛子야 菩薩摩訶薩이 施房舍時에 以諸善根으로

여 시 회 향   소 위 원 일 체 중 생   개 득 안 주 청 정
如是廻向호대 所謂願一切衆生이 皆得安住淸淨

불찰　　　정근수습일체공덕　　안주심심삼매
佛刹하야 精勤修習一切功德하며 安住甚深三昧

경계　　　사리일체주처집착　　요제주처　개
境界하야 捨離一切住處執着하며 了諸住處가 皆

무소유　　이제세간　　주일체지
無所有하야 離諸世間하고 住一切智하며

"불자들이여, 보살마하살이 방사를 보시할 적에 모든
선근으로 이와 같이 회향하느니라. 이른바 '원컨대 일
체 중생이 모두 청정한 세계에 안주하여 일체 공덕을
부지런히 닦으며, 깊고 깊은 삼매의 경계에 안주하여
모든 사는 곳의 집착을 떠나며, 모든 사는 곳이 다 있음
이 없는 줄을 깨달아서 모든 세간을 떠나고 일체 지혜
에 안주하여지이다.'라고 하느니라."

나라에 전쟁이 일어나 피난민이 모였을 때나 옛날같이 먼
길을 다니는 나그네가 많을 때 하루라도 쉬어갈 수 있게 방
사를 내어 주는 보시는 참으로 큰 은혜가 되었을 것이다. 방
사에 안주하듯이 일체 중생이 모두 청정한 세계에 안주하되
깊고 깊은 삼매의 경계에 안주하여 모든 사는 곳의 집착을

떠나기를 원하는 것이다.

섭 취 일 체 제 불 소 주　　주 구 경 도 안 락 주 처
攝取一切諸佛所住하야 **住究竟道安樂住處**하며

항 주 제 일 청 정 선 근　　종 불 사 리 불 무 상 주 처
恒住第一淸淨善根하야 **終不捨離佛無上住處**니

시 위 보 살 마 하 살　　시 방 사 시　　선 근 회 향　　위
是爲菩薩摩訶薩의 **施房舍時**에 **善根廻向**이니 **爲**

욕 이 익 일 체 중 생　　수 기 소 응　　사 유 구 호 고
欲利益一切衆生하야 **隨其所應**하야 **思惟救護故**니라

"'또 모든 부처님의 계시는 곳을 거두어서 구경究竟의 도道인 안락한 곳에 안주하며, 제일 청정한 선근에 항상 머물러서 마침내 부처님의 가장 높은 머무는 곳을 떠나지 않아지이다.'라고 하느니라. 이것이 보살마하살이 방사를 보시할 때에 선근으로 회향하는 것이니라. 일체 중생을 이익하게 하여 마땅한 대로 생각하고 구호하려는 연고이니라."

또 구경의 도인 안락한 곳에 안주하며, 제일 청정한 선근

에 항상 머물러서 마침내 부처님의 가장 높은 머무는 곳이
되기를 원하는 것이다.

12〉 사는 곳[住處]을 보시하다

불자 보살마하살 시주처시 이제선근
佛子야 菩薩摩訶薩이 施住處時에 以諸善根으로

여시회향 소위원일체중생 상획선리 기
如是廻向호대 所謂願一切衆生이 常獲善利하야 其

심안락 원일체중생 의여래주 의대지주
心安樂하며 願一切衆生이 依如來住하며 依大智住

　의선지식주
하며 依善知識住하며

"불자들이여, 보살마하살이 사는 곳을 보시할 적에
모든 선근으로 이와 같이 회향하느니라. 이른바 '원컨
대 일체 중생이 항상 좋은 이익을 얻어 그 마음이 안락
하며, 원컨대 일체 중생이 여래를 의지하여 있으며, 큰
지혜를 의지하여 있으며, 선지식을 의지하여 있어지이
다.'라고 하느니라."

의지할 곳이 없고 살 곳이 없는 사람에게 사는 곳을 보시하는 선근이다. 의지하여 산다는 일로 일체 중생이 항상 좋은 이익을 얻어 그 마음이 안락하며, 여래를 의지하는 일이 되며, 큰 지혜를 의지하는 일이 되며, 선지식을 의지하는 일이 되기를 원하는 것이다. 사람이 세상을 살되 어떤 집이나 직업이나 사람이나 재산이나 명예에 의지하는 것을 넘어 언제나 여래를 의지하며, 지혜를 의지하며, 선지식을 의지하여 사는 것은 진정 소중한 것이 된다.

<ruby>依<rt>의</rt></ruby><ruby>尊<rt>존</rt></ruby><ruby>勝<rt>승</rt></ruby><ruby>住<rt>주</rt></ruby>하며 <ruby>依<rt>의</rt></ruby><ruby>善<rt>선</rt></ruby><ruby>行<rt>행</rt></ruby><ruby>住<rt>주</rt></ruby>하며 <ruby>依<rt>의</rt></ruby><ruby>大<rt>대</rt></ruby><ruby>慈<rt>자</rt></ruby><ruby>住<rt>주</rt></ruby>하며 <ruby>依<rt>의</rt></ruby><ruby>大<rt>대</rt></ruby><ruby>悲<rt>비</rt></ruby><ruby>住<rt>주</rt></ruby>하며 <ruby>依<rt>의</rt></ruby><ruby>六<rt>육</rt></ruby><ruby>波<rt>바</rt></ruby><ruby>羅<rt>라</rt></ruby><ruby>蜜<rt>밀</rt></ruby><ruby>住<rt>주</rt></ruby>하며 <ruby>依<rt>의</rt></ruby><ruby>大<rt>대</rt></ruby><ruby>菩<rt>보</rt></ruby><ruby>提<rt>리</rt></ruby><ruby>心<rt>심</rt></ruby><ruby>住<rt>주</rt></ruby>하며 <ruby>依<rt>의</rt></ruby><ruby>一<rt>일</rt></ruby><ruby>切<rt>체</rt></ruby><ruby>菩<rt>보</rt></ruby><ruby>薩<rt>살</rt></ruby><ruby>道<rt>도</rt></ruby><ruby>住<rt>주</rt></ruby>니라

"'또 높고 수승한 이를 의지하여 있으며, 선한 행을 의지하여 있으며, 대자大慈를 의지하여 있으며, 대비大悲를 의지하여 있으며, 육바라밀을 의지하여 있으며, 큰

보리심을 의지하여 있으며, 일체 보살의 도를 의지하여 있어지이다.' 라고 하느니라."

사람이 세상을 살되 값지고 소중한 삶이 되려면 높고 수승한 이를 의지하여 살며, 선한 행을 의지하여 살며, 대자大慈를 의지하여 살며, 대비大悲를 의지하여 살며, 육바라밀을 의지하여 살며, 큰 보리심을 의지하여 살며, 일체 보살의 도를 의지하여 살아야 한다. 또한 '자귀의自歸依 법귀의法歸依'라고 하여 "자기 자신에게 의지하고 다른 것에 의지하지 말며, 법에 의지하고 다른 것에 의지하지 말라."[5] 라고 하였다.

　　　　　시 위 보 살 마 하 살　　시 주 처 시　　선 근 회 향
　　　　　是 爲 菩 薩 摩 訶 薩의　施 住 處 時에　善 根 廻 向이니

위 령 일 체 복 덕 청 정 고　　구 경 청 정 고　　　지 청 정
爲 令 一 切 福 德 淸 淨 故며　究 竟 淸 淨 故며　　智 淸 淨

고　　도 청 정 고　　　법 청 정 고　　　계 청 정 고　　지 락 청
故며　道 淸 淨 故며　　法 淸 淨 故며　　戒 淸 淨 故며　志 樂 淸

5) 自歸依 法歸依 自燈明 法燈明 自洲 法洲.

정고　　신해청정고　　원청정고　　일체신통공덕
淨故며 信解淸淨故며 顧淸淨故며 一切神通功德

청정고
淸淨故니라

"이것이 보살마하살이 사는 곳을 보시할 적에 선근으
로 회향하는 것이니라. 모든 사람으로 하여금 복덕이 청
정하게 하려는 연고며, 구경究竟까지 청정하게 하려는 연
고며, 지혜가 청정하게 하려는 연고며, 도道가 청정하게
하려는 연고며, 법이 청정하게 하려는 연고며, 계행戒行
이 청정하게 하려는 연고며, 뜻이 청정하게 하려는 연
고며, 믿고 이해함이 청정하게 하려는 연고며, 서원이
청정하게 하려는 연고며, 일체 신통과 공덕이 청정하게
하려는 연고이니라."

보살이 사는 곳[住處]을 보시할 때에 일체 중생이 위와 같
은 여래를 의지하여 있으며, 큰 지혜를 의지하여 있으며, 선
지식을 의지하여 있는 등을 원하는 까닭을 밝혔다. 복덕이
청정하여지고, 구경까지 청정하여지고, 지혜가 청정하여지
고, 도가 청정하여지고, 법이 청정하여지고, 계행이 청정하여

지고, 뜻이 청정하여지고, 믿고 이해함이 청정하여지고, 서원이 청정하여지고, 일체 신통과 공덕이 청정하여지도록 하는 까닭이다.

13〉등을 밝혀 보시하다

불자 보살마하살 시제등명 소위소등
佛子야 菩薩摩訶薩이 施諸燈明호대 所謂酥燈과

유등 보등 마니등 칠등 화등 침수등
油燈과 寶燈과 摩尼燈과 漆燈과 火燈과 沈水燈과

전단등 일체향등 무량색광등 시여시등
栴檀燈과 一切香燈과 無量色光燈이니 施如是等

무량등시 위욕이익일체중생 위욕섭수일
無量燈時에 爲欲利益一切衆生하며 爲欲攝受一

체중생 이차선근 여시회향
切衆生하야 以此善根으로 如是廻向하나니라

"불자들이여, 보살마하살이 여러 가지 등을 켜서 보시하되 이른바 우유 등불과 참기름 등불과 보배 등불과 마니 등불과 칠漆 등불과 불[火] 등불과 침수향 등불과 전단향 등불과 일체 향 등불과 한량없는 색 등불이니

라. 이와 같은 한량없는 등불을 보시할 때에 일체 중생을 이익하게 하려 함이며, 일체 중생을 포섭하려 함이니라. 이 선근으로 이와 같이 회향하느니라."

등을 밝혀 보시하는 데 필요한 등을 열거하였다. 오늘날에는 전깃불이 발달하여 전기 하나로 여러 가지 불을 만들어 사용한다. 밝기도 옛날 등불에 비교할 수 없으리만치 밝고, 사용하기도 편리하다. 등불은 어둠을 밝히는 것으로서 어리석음을 제거하는 지혜에 비유한다. 그래서 일체 중생을 이익하게 하고 일체 중생을 포섭하려 함이 그 목적이다.

所謂願一切衆生이 得無量光하야 普照一切諸
佛正法하며 願一切衆生이 得淸淨光하야 照見世間
極微細色하며 願一切衆生이 得離翳光하야 了衆
生界가 空無所有하며 願一切衆生이 得無邊光하야

신 출 묘 광　　보 조 일 체
身出妙光하야 **普照一切**하며

　"이른바 '원컨대 일체 중생이 한량없는 빛을 얻어 일
체 모든 부처님의 바른 법을 두루 비추어지이다.' 라고
하며, '원컨대 일체 중생이 청정한 빛을 얻어 세간에 극
히 미세한 색을 비추어지이다.' 라고 하며, '원컨대 일체
중생이 가림이 없는 빛을 얻어 중생계가 공空하여 아무
것도 없음을 알아지이다.' 라고 하며, '원컨대 일체 중생
이 그지없는 빛을 얻어 몸에서 미묘한 광명이 나서 온
갖 것을 두루 비추어지이다.' 라고 하느니라."

　등을 밝혀 보시하는 선근으로 회향할 때 일체 중생이 한
량없는 빛을 얻어 일체 모든 부처님의 바른 법을 두루 비추
며, 청정한 빛을 얻어 세간에 극히 미세한 색을 비추어 보며,
가림이 없는 빛을 얻어 중생계가 공空하여 아무것도 없음을
알기를 원한다. 등불은 곧 존재의 실상을 바로 보는 지혜의
안목이기도 하다. 그래서 중생계가 공하여 아무것도 없음을
안다.

원일체중생   득보조광   어제불법   심무
願一切衆生이 得普照光하야 於諸佛法에 心無

퇴전   원일체중생   득불정광   일체찰중
退轉하며 願一切衆生이 得佛淨光하야 一切刹中에

실개현현   원일체중생   득무애광   일광변
悉皆顯現하며 願一切衆生이 得無礙光하야 一光徧

조일체법계
照一切法界하며

"'원컨대 일체 중생이 두루 비추는 빛을 얻어 모든
부처님의 법에 퇴전하는 마음이 없어지이다.'라고 하
며, '원컨대 일체 중생이 부처님의 청정한 빛을 얻어 모
든 세계에 다 나타나지이다.'라고 하며, '원컨대 일체
중생이 장애 없는 빛을 얻어 한 빛으로 일체 법계를 두
루 비추어지이다.'라고 하느니라."

존재의 실상을 꿰뚫어 보는 지혜가 있는 사람은 부처님
의 법에 퇴전하는 마음이 없다. 또 부처님의 청정한 빛을 얻
어 모든 세계에 다 나타난다. 또 한 빛으로 일체 법계를 두
루 비춘다.

원 일 체 중 생   득 무 단 광   조 제 불 찰   광
願一切衆生이 得無斷光하야 照諸佛刹하야 光

명 부 단   원 일 체 중 생   득 지 당 광   보 조 세 간
明不斷하며 願一切衆生이 得智幢光하야 普照世間

원 일 체 중 생   득 무 량 색 광   조 일 체 찰
하며 願一切衆生이 得無量色光하야 照一切刹하야

시 현 신 력
示現神力이니라

"'원컨대 일체 중생이 끊임없는 빛을 얻어 모든 부처님 세계를 비추어 광명이 끊이지 아니하여지이다.'라고 하며, '원컨대 일체 중생이 지혜당기[幢]의 빛을 얻어 세간을 널리 비추어지이다.'라고 하며, '원컨대 일체 중생이 한량없는 색의 광명을 얻어 모든 세계를 비추어서 신통력을 나타내지이다.'라고 하느니라."

등불은 곧 지혜의 빛이다. 그 지혜의 빛으로 모든 부처님 세계를 비추어 광명이 끊이지 아니한다. 세간을 널리 비춘다. 모든 세계를 비추어서 신통력을 나타낸다. 등불은 곧 이와 같은 의미를 지니므로 일체 중생이 그와 같아지기를 원하

는 것이다.

보살　　여시시등명시　　위욕이익일체중생
菩薩이 如是施燈明時에 爲欲利益一切衆生

안락일체중생고　　이차선근　　수축중생
하며 安樂一切衆生故로 以此善根으로 隨逐衆生하며

이차선근　　섭수중생　　이차선근　　분포중
以此善根으로 攝受衆生하며 以此善根으로 分布衆

생　　이차선근　　자민중생　　이차선근　　부
生하며 以此善根으로 慈愍衆生하며 以此善根으로 覆

육중생　　이차선근　　구호중생
育衆生하며 以此善根으로 救護衆生하며

"보살이 이와 같이 등을 켜서 보시할 때에 일체 중생을 이익하게 하고 일체 중생을 안락하게 하기 위한 까닭에 이 선근으로 중생을 따르며, 이 선근으로 중생을 포섭하며, 이 선근으로 중생에게 분포分布하며, 이 선근으로 중생을 어여삐 여기며, 이 선근으로 중생을 덮어 주어 기르며, 이 선근으로 중생을 구호하느니라."

이 차 선 근　　　충 만 중 생　　　이 차 선 근　　　연 념
以此善根으로 充滿衆生하며 以此善根으로 緣念

중 생　　　이 차 선 근　　　등 익 중 생　　　이 차 선 근
衆生하며 以此善根으로 等益衆生하며 以此善根으로

관 찰 중 생　　　시 위 보 살 마 하 살　　시 등 명 시　　선
觀察衆生하나니 是爲菩薩摩訶薩의 施燈明時에 善

근 회 향　　　여 시 회 향　　무 유 장 애　　　보 령 중 생
根廻向이니 如是廻向에 無有障礙하야 普令衆生으로

주 선 근 중
住善根中이니라

"이 선근으로 중생을 충만케 하며, 이 선근으로 중생
을 염려하며, 이 선근으로 중생을 평등하게 이익 주며,
이 선근으로 중생을 관찰하느니라. 이것이 보살마하살
이 등을 밝혀 보시할 적에 선근으로 회향하는 것이니
라. 이와 같이 회향하는 데 장애가 없어서 널리 중생들
로 하여금 선근에 머물게 하느니라."

보살이 이와 같이 등을 켜서 보시할 때에 일체 중생을 이
익하게 하고 일체 중생을 안락하게 하기 위한 까닭에 이 선
근으로 중생을 따르며, 포섭하며, 분포하며, 어여삐 여기며,

덮어 주어 기르며, 구호하며, 충만케 하며, 염려하며, 평등하게 이익을 주며, 관찰한다.

14〉 탕약湯藥을 보시하다

불 자　보 살 마 하 살　시 탕 약 시　이 제 선 근
佛子야 菩薩摩訶薩이 施湯藥時에 以諸善根으로

여 시 회 향　소 위 원 일 체 중 생　어 제 개 전　구
如是廻向호대 所謂願一切衆生이 於諸蓋纏에 究

경 득 출　원 일 체 중 생　영 리 병 신　득 여 래 신
竟得出하며 願一切衆生이 永離病身하고 得如來身

원 일 체 중 생　작 대 양 약　멸 제 일 체 불 선 지
하며 願一切衆生이 作大良藥하야 滅除一切不善之

병
病하며

"불자들이여, 보살마하살이 탕약을 보시할 적에 모든 선근으로 이와 같이 회향하느니라. 이른바 '원컨대 일체 중생의 모든 덮이고 얽히는 번뇌에서 필경에 벗어나지이다.'라고 하며, '원컨대 일체 중생이 병든 몸을 영원히 여의고 여래의 몸을 얻어지이다.'라고 하며, '원컨

대 일체 중생이 훌륭한 약이 되어 일체 좋지 못한 병을 멸하여지이다.' 라고 하느니라."

탕약을 보시하면서 원하는 내용이다. 탕약은 병고에 시달릴 때 그 병고로부터 벗어나게 하는 것이다. 병고를 앓는 사람에게 병을 고쳐 주는 양약과 같이 은혜로운 것은 없다. 그래서 일체 중생이 모든 덮이고 얽히는 번뇌에서 필경에 벗어나기를 원한다. 또 병든 몸을 영원히 여의고 여래의 몸을 얻기를 원한다. 또 훌륭한 약이 되어 일체 좋지 못한 병을 소멸하기를 원하는 것이다.

원 일 체 중 생　　성 아 가 타 약　　안 주 보 살 불 퇴
願一切衆生이 成阿伽陀藥하야 安住菩薩不退

전 지　　원 일 체 중 생　　성 여 래 약　　능 발 일 체 번
轉地하며 願一切衆生이 成如來藥하야 能拔一切煩

뇌 독 전　　원 일 체 중 생　　친 근 현 성　　멸 제 번 뇌
惱毒箭하며 願一切衆生이 親近賢聖하야 滅諸煩惱

　　수 청 정 행
하고 修淸淨行하며

"'원컨대 일체 중생이 아가타 약을 이루어 보살의 퇴전하지 않는 자리에 편안히 머물러지이다.'라고 하며, '원컨대 일체 중생이 여래인 약을 이루어 모든 번뇌의 독한 화살을 뽑아지이다.'라고 하며, '원컨대 일체 중생이 성현을 친근하여 모든 번뇌를 소멸하고 청정한 행을 닦아지이다.'라고 하느니라."

또 일체 중생이 만병통치의 아가타 약을 이루어 보살의 퇴전하지 않는 자리에 편안히 머물기를 원한다. 또 여래의 약을 이루어 모든 번뇌의 독한 화살을 뽑기를 원한다. 또 성현을 친근하여 모든 번뇌를 소멸하고 청정한 행을 닦기를 원한다.

원 일 체 중 생　　작 대 약 왕　　　영 제 중 병　　　불
願一切衆生이 作大藥王하야 永除衆病하야 不

령 중 발　　　원 일 체 중 생　　작 불 괴 약 수　　　실 능 구
令重發하며 願一切衆生이 作不壞藥樹하야 悉能救

료 일 체 중 생　　　원 일 체 중 생　　　득 일 체 지 광　　　출
療一切衆生하며 願一切衆生이 得一切智光하야 出

중 병 전　　　원 일 체 중 생　　　선 해 세 간 방 약 지 법
衆病箭하며 願一切衆生이 善解世間方藥之法하야

소 유 질 병　　위 기 구 료
所有疾病을 爲其救療니

　　"'원컨대 일체 중생이 큰 약왕藥王이 되어 모든 병을
영원히 없애고 다시 발생하지 아니하여지이다.'라고 하
며, '원컨대 일체 중생이 부서지지 않는 약나무가 되어
일체 중생을 모두 치료하여지이다.'라고 하며, '원컨대
일체 중생이 일체 지혜의 광명을 얻어 모든 병의 화살
을 뽑아지이다.'라고 하며, '원컨대 일체 중생이 세간의
약과 방문을 잘 알아서 모든 질병을 구호하여지이다.'
라고 하느니라."

　　또 일체 중생이 큰 약왕藥王이 되어 모든 병을 영원히 없애
고 다시 발생하지 않기를 원하며, 일체 중생을 모두 치료하
기를 원하며, 모든 병의 화살을 뽑아 내기를 원하며, 모든 질
병을 구호하기를 원한다. 만약 이와 같이만 된다면 세상에
는 병고가 없을 것이다. 세상의 병고가 끝이 없는 까닭에 보
살의 선근 회향도 끝이 없는 것이다.

보살마하살　시탕약시　위령일체중생
菩薩摩訶薩이 施湯藥時에 爲令一切衆生으로

영리중병고　구경안은고　구경청정고　여불
永離衆病故며 究竟安隱故며 究竟淸淨故며 如佛

무병고　발제일체병전고　득무진견고신고
無病故며 拔除一切病箭故며 得無盡堅固身故며

득금강위산소불괴신고　득견고만족력고
得金剛圍山所不壞身故며 得堅固滿足力故며

득원만불가탈불락고　득일체불자재견고신
得圓滿不可奪佛樂故며 得一切佛自在堅固身

고　이제선근　여시회향
故로 以諸善根으로 如是廻向이니라

　"보살마하살이 탕약을 보시할 적에 일체 중생으로 하
여금 모든 병을 여의게 하려는 연고며, 구경究竟에 편안
케 하려는 연고며, 구경에 청정케 하려는 연고며, 부처
님처럼 병이 없게 하려는 연고며, 온갖 병의 화살을 뽑
아 버리려는 연고며, 그지없이 견고한 몸을 얻게 하려
는 연고며, 금강 철위산의 깨뜨릴 수 없는 몸을 얻게 하
려는 연고며, 견고하고 만족한 힘을 얻게 하려는 연고
며, 원만하고 뺏을 수 없는 부처님의 낙樂을 얻게 하려

는 연고며, 일체 부처님의 자재하고 견고한 몸을 얻게
하려는 연고로 모든 선근으로 이와 같이 회향하느니라."

보살이 탕약을 보시하여 선근 회향하는 열 가지 까닭을
밝혔다. 탕약을 보시할 적에 일체 중생으로 하여금 모든 병
을 여의게 하려는 연고며, 구경에 편안케 하려는 연고며, 구
경에 청정케 하려는 연고 등이다.

15〉 일체 그릇[器物]을 보시하다

〈1〉 그릇의 종류

불 자　　보 살 마 하 살　　실 능 혜 시 일 체 기 물
佛子야 菩薩摩訶薩이 悉能惠施一切器物호대

소 위 황 금 기　　성 만 잡 보　　　백 은 기　　성 중 묘 보
所謂黃金器에 盛滿雜寶하며 白銀器에 盛衆妙寶

　　유 리 기　　성 종 종 보　　　파 려 기　　성 만 무 량 보
하며 琉璃器에 盛種種寶하며 玻瓈器에 盛滿無量寶

장 엄 구　　자 거 기　　성 적 진 주
莊嚴具하며 硨磲器에 盛赤眞珠하며

"불자들이여, 보살마하살이 일체 그릇을 능히 보시하느니라. 이른바 황금 그릇에 여러 가지 보배를 가득 담고, 백은 그릇에 여러 가지 기묘한 보배를 담고, 유리 그릇에 갖가지 보배를 담고, 파려 그릇에 한량없는 보배장엄거리를 가득 담고, 자거 그릇에 붉은 진주를 담았느니라."

십회향 중에 제6 견고한 일체 선근을 수순하는 회향[隨順堅固一切善根廻向]은 생각할 수 있는 것은 모두 다 보시한다. 그래서 그 종류가 60종이나 된다. 이제 일체 그릇을 보시한다. 그릇을 보시할 때는 빈 그릇을 보시하지 않고 값진 그릇에 값진 보배를 가득 담아서 보시한다. 흔히 주머니를 보시할 때에 주머니에 돈을 넣어서 보시하는 사례가 있는데 이와 같은 이치다. 황금 그릇에 여러 가지 보배를 가득 담고, 백은 그릇에 여러 가지 기묘한 보배를 담고, 유리 그릇에 갖가지 보배를 담는 것 등이다.

마노기 성만산호마니주보 백옥기 성
瑪瑙器에 **盛滿珊瑚摩尼珠寶**하며 **白玉器**에 **盛**

중미식 전단기 성천의복 금강기 성중
衆美食하며 **栴檀器**에 **盛天衣服**하며 **金剛器**에 **盛衆**

묘향 무량무수종종보기 성무량무수종종
妙香하며 **無量無數種種寶器**에 **盛無量無數種種**

중보
衆寶하니라

"마노 그릇에 산호와 마니주 보배를 가득 담고, 백옥
그릇에 아름다운 음식을 담고, 전단 그릇에 하늘의 의
복을 담고, 금강 그릇에 여러 가지 묘한 향을 담고, 무
량무수한 가지각색 보배 그릇에 무량무수한 가지각색
보배를 담았느니라."

다시 또 마노 그릇에 산호와 마니주 보배를 가득 담고,
백옥 그릇에 아름다운 음식을 담고, 전단 그릇에 하늘의 의
복을 담아서 보시한다.

〈2〉 보시할 대상

혹시제불　　신불복전부사의고　혹시보
或施諸佛하나니 **信佛福田不思議故**며 **或施菩**

살　　지선지식난치우고　혹시성승　　위
薩하나니 **知善知識難値遇故**며 **或施聖僧**하나니 **爲**

영불법　구주세고　혹시성문　급벽지불
令佛法으로 **久住世故**며 **或施聲聞**과 **及辟支佛**하나니

어제성인　생정신고
於諸聖人에 **生淨信故**며

　"혹 부처님께 보시하나니 부처님의 복밭이 부사의함
을 믿는 연고며, 보살께 보시하나니 선지식을 만나기
어려움을 아는 연고며, 거룩한 스님께 보시하나니 부처
님 법이 세상에 오래 머물게 하는 연고며, 성문과 벽지
불에게 보시하나니 모든 성인에게 청정한 신심을 내는
연고이니라."

　다음은 보시할 대상이다. 먼저 부처님께 보시하고, 보살
께 보시하고, 스님께 보시하고, 성문과 벽지불에게 보시한
다. 대상에 따라서 모두 그 까닭이 있음을 밝혔다.

혹시부모　　　위존중고　혹시사장　　　위
或施父母하나니 爲尊重故며 或施師長하나니 爲

항유회　　영의성교　　수공덕고　혹시하열
恒誘誨하야 令依聖敎하야 修功德故며 或施下劣

빈궁고로　　　대자대비애안　　등시제중생고
貧窮孤露하나니 大慈大悲愛眼으로 等視諸衆生故며

전의만족거래금세일체보살　　단바라밀고
專意滿足去來今世一切菩薩의 檀波羅蜜故로

이일체물　　보시일체　　　종불염사제중생고
以一切物로 普施一切하나니 終不厭捨諸衆生故라

"부모에게 보시하나니 존중하는 연고며, 스승에게 보
시하나니 항상 인도하사 성인의 가르침을 의지하여 공
덕을 닦게 하는 연고며, 하열下劣하고 빈궁하고 외로운
이에게 보시하나니 대자대비한 눈으로 중생들을 평등하
게 보는 연고며, 과거 미래 현재의 모든 보살의 보시바
라밀다를 만족케 하려는 연고며, 여러 가지 물건으로
모든 사람에게 보시하되 마침내 모든 중생을 버리지 아
니하는 연고이니라."

보시할 대상으로서 부모와 스승과 하열下劣하고 빈궁하

고 외로운 이와 나아가서 모든 사람에게 보시한다. 심지어
일체 생명에게 다 보시한다. 왜냐하면 대자대비한 눈으로
중생들을 평등하게 보는 연고며, 과거 미래 현재의 모든 보
살의 보시바라밀다를 만족케 하려는 연고다. 그리고 마침내
모든 중생들을 버리지 아니하는 연고다. 그 누군들 나의 보
시의 대상이 아니겠는가. 참으로 만고에 둘도 없는 뛰어나
고 수승한 성인의 가르침이다.

여시 시 시　어기시물　급이수자　개무소착
如是施時에 **於其施物**과 **及以受者**에 **皆無所着**

보 살 마 하 살　이여시등종종보기　성무량
이니라 **菩薩摩訶薩**이 **以如是等種種寶器**로 **盛無量**

보　　이보시시　이제선근　　여시회향
寶하야 **而布施時**에 **以諸善根**으로 **如是廻向**하나니라

"이와 같이 보시할 때에 그 보시하는 물건과 받는 이
에게 조금도 집착함이 없느니라. 보살마하살이 이와 같
이 가지가지 보배 그릇에 한량없는 보배를 담아 보시할
적에 모든 선근으로 이와 같이 회향하느니라."

삼륜청정三輪清淨이라는 말이 있다. 보시할 때에 반드시 관행觀行을 닦아야 하는 세 가지 법이다. 보시하는 사람과 보시를 받는 사람과 보시하는 물건, 이것이 셋이다. 이 셋 모두 그 본질이 텅 비어 공하다는 사실을 관하는 것이 삼륜이 청정함[三輪清淨]을 관하는 것이다. 이와 같이 관하면 무엇에 집착이 있겠는가. 보살이 그릇을 보시할 때에 집착 없는 마음으로 아래와 같이 원을 세워 회향한다.

〈3〉 회향하다

소 위 원 일 체 중 생   성 등 허 공 무 변 장 기   염
所謂願一切衆生이 成等虛空無邊藏器하야 念

력 광 대   실 능 수 지 세 출 세 간 일 체 경 서   무
力廣大하야 悉能受持世出世間一切經書하야 無

유 망 실
有忘失하며

"이른바 '원컨대 일체 중생이 허공처럼 끝이 없이 담는 그릇을 이루고 기억력이 광대하여 세간과 출세간의 일체 경서經書를 모두 받아 지니고 잊어버리지 말아지이

다.' 라고 하느니라."

원 일 체 중 생　　성 청 정 기　　능 오 제 불 심 심 정
願一切衆生이 成淸淨器하야 能悟諸佛甚深正

법
法하며

"'원컨대 일체 중생이 청정한 그릇을 이루어 모든 부
처님의 심히 깊고 바른 법을 능히 깨달아지이다.' 라고
하느니라."

원 일 체 중 생　　성 무 상 보 기　　실 능 수 지 삼 세
願一切衆生이 成無上寶器하야 悉能受持三世

불 법
佛法하며

"'원컨대 일체 중생이 위없이 보배로운 그릇을 이루
어 삼세의 부처님 법을 모두 받아지이다.' 라고 하느니
라."

세간과 출세간의 일체 경서經書를 모두 받아 지니고 잊지
않기를 원한다. 부처님의 심히 깊고 바른 법을 능히 깨닫기
를 원한다. 삼세의 부처님 법을 모두 받아 지니기를 원한다.

원 일 체 중 생   성 취 여 래 광 대 법 기   이 불 괴
願一切衆生이 成就如來廣大法器하야 以不壞

신   섭 수 삼 세 불 보 리 법
信으로 攝受三世佛菩提法하며

"'원컨대 일체 중생이 여래의 광대한 법의 그릇을 이
루어 깨뜨릴 수 없는 신심으로 삼세의 모든 부처님의
보리법菩提法을 거두어 받아지이다.' 라고 하느니라."

원 일 체 중 생   성 취 최 승 보 장 엄 기   주 대 위
願一切衆生이 成就最勝寶莊嚴器하야 住大威

덕 보 리 지 심
德菩提之心하며

"'원컨대 일체 중생이 가장 훌륭한 보배로 장엄한 그
릇을 이루어 큰 위덕 있는 보리심에 머물러지이다.' 라

고 하느니라."

원 일 체 중 생　　성 취 공 덕 소 의 처 기　　어 제 여
願一切衆生이 **成就功德所依處器**하야 **於諸如**

래 무 량 지 혜　　생 정 신 해
來無量智慧에 **生淨信解**하며

"'원컨대 일체 중생이 공덕의 의지할 곳의 그릇을 이
루어 모든 여래의 한량없는 지혜에 깨끗한 신심과 이해
를 내어지이다.' 라고 하느니라."

또 깨뜨릴 수 없는 신심으로 삼세 모든 부처님의 보리법
菩提法을 거두어 받아 지니기를 원한다. 큰 위덕 있는 보리심
에 머물기를 원한다. 여래의 한량없는 지혜에 깨끗한 신심과
이해를 내기를 원한다.

원 일 체 중 생　　성 취 취 입 일 체 지 기　　구 경 여
願一切衆生이 **成就趣入一切智器**하야 **究竟如**

래 무 애 해 탈
來無礙解脫하며

　"'원컨대 일체 중생이 일체 지혜에 들어가는 그릇을
이루어 여래의 걸림 없는 해탈을 성취[究竟]하여지이다.'
라고 하느니라."

　원 일 체 중 생　　득 진 미 래 겁 보 살 행 기　　능 령
　願一切衆生이 得盡未來劫菩薩行器하야 能令

중 생　　　보 개 안 주 일 체 지 력
衆生으로 普皆安住一切智力하며

　"'원컨대 일체 중생이 오는 세월이 끝나도록 보살행
의 그릇을 얻어 중생들로 하여금 모두 다 일체 지혜의
힘에 머물러지이다.' 라고 하느니라."

　원 일 체 중 생　　성 취 삼 세 제 불 종 성 승 공 덕 기
　願一切衆生이 成就三世諸佛種性勝功德器

　　일 체 제 불 묘 음 소 설　　실 능 수 지
하야 一切諸佛妙音所說을 悉能受持하며

"'원컨대 일체 중생이 삼세 모든 부처님의 종성種性인 수승한 공덕의 그릇을 성취하여 일체 모든 부처님의 묘한 음성으로 설하신 법문을 모두 받아지이다.' 라고 하느니라."

또 여래의 걸림 없는 해탈을 성취하기를 원한다. 중생들로 하여금 모두 다 일체 지혜의 힘에 머물기를 원한다. 모든 부처님의 묘한 음성으로 설하신 법문을 모두 받아 지니기를 원한다.

원 일 체 중 생   성 취 용 납 진 법 계 허 공 계 일 체
願一切衆生이 成就容納盡法界虛空界一切

세 계 일 체 여 래 중 회 도 량 기   위 대 장 부 찬 설
世界一切如來衆會道場器하야 爲大丈夫讚說

지 수   권 청 제 불   전 정 법 륜   시 위 보 살
之首하야 勸請諸佛하야 轉正法輪이니라 是爲菩薩

마 하 살   보 시 기 시   선 근 회 향   위 욕 보 령 일
摩訶薩의 布施器時에 善根廻向이니 爲欲普令一

체 중 생   개 득 원 만 보 현 보 살 행 원 기 고
切衆生으로 皆得圓滿普賢菩薩行願器故니라

　"'원컨대 일체 중생이 온 법계 허공계와 일체 세계와 일체 여래의 도량에 모인 이들을 모두 용납하는 그릇을 성취하여 대장부로서 설법을 찬탄하는 우두머리가 되어 모든 부처님께 바른 법륜 굴리심을 청하여지이다.'라고 하느니라. 이것이 보살마하살이 그릇을 보시할 때에 선근으로 회향하는 것이니라. 널리 일체 중생으로 하여금 보현보살의 행과 원의 그릇을 원만케 하려는 연고이니라."

　마지막으로 대장부로서 설법을 찬탄하는 우두머리가 되어 모든 부처님께 바른 법륜 굴리심을 청하기를 원한다. 불법을 제대로 공부하여 출격出格 대장부가 되어 스스로도 진리의 정법을 설하고 또한 일체 모든 깨달은 사람들에게 부처님과 같이 정법을 설해 주기를 권청하는 일은 대단히 중요하다.

　세존이 처음 정각을 이루고 나서 정각의 내용이 너무도 심오하여 세상에서 알아들을 수 없음을 염려한 나머지 입을

닫고 열반에 들 것을 생각하고 있을 때, 천신이 부처님께 설법하시기를 간청하여 비로소 설법을 시작하였다는 설화가 있다. 오늘날 불법이 이와 같이 세상에 존재하는 것은 설법을 권청한 덕이다. 그러므로 설법을 권청해야 한다. 이 모든 일은 널리 일체 중생으로 하여금 보현보살의 행과 원의 그릇을 원만케 하려는 연고이다.

십회향 가운데 제6 견고한 일체 선근을 수순하는 회향[隨順堅固一切善根廻向]은 생각할 수 있는 것은 모두 다 보시하는 내용이다. 그리고 그 보시에는 커다란 서원으로 회향하는 뜻이 따른다. 그런데 그 종류가 60종이나 되어 앞으로도 세 권의 경문이 더 이어진다.

십회향품 3 끝

〈제25권 끝〉

華嚴經 構成表

分次	周次		内容	品數	會次
擧果勸樂生信分 (信)	所信因果周		如來依正	世主妙嚴品 第一 如來現相品 第二 普賢三昧品 第三 世界成就品 第四 華藏世界品 第五 毘盧遮那品 第六	初會
修因契果生解分 (解)	差別因果周	差別因	十信	如來名號品 第七 四聖諦品 第八 光明覺品 第九 菩薩問明品 第十 淨行品 第十一 賢首品 第十二	二會
			十住	昇須彌山頂品 第十三 須彌頂上偈讚品 第十四 十住品 第十五 梵行品 第十六 初發心功德品 第十七 明法品 第十八	三會
			十行	昇夜摩天宮品 第十九 夜摩天宮偈讚品 第二十 十行品 第二十一 十無盡藏品 第二十二	四會
			十廻向	昇兜率天宮品 第二十三 兜率宮中偈讚品 第二十四 十廻向品 第二十五	五會
			十地	十地品 第二十六	六會
			等覺	十定品 第二十七 十通品 第二十八 十忍品 第二十九 阿僧祇品 第三十 如來壽量品 第三十一 菩薩住處品 第三十二	七會
		差別果	妙覺	佛不思議法品 第三十三 如來十身相海品 第三十四 如來隨好光明功德品 第三十五	
	平等因果周	平等因		普賢行品 第三十六	
		平等果		如來出現品 第三十七	
托法進修成行分 (行)	成行因果周		二千行門	離世間品 第三十八	八會
依人證入成德分 (證)	證入因果周		證果法門	入法界品 第三十九	九會

會場	放光別	會主	入定別	說法別舉
菩提場	遮那放齒光眉間光	普賢菩薩爲會主	入毘盧藏身三昧	如來依正法
普光明殿	世尊放兩足輪光	文殊菩薩爲會主	此會不入定‧信未入位故	十信法
忉利天宮	世尊放兩足指光	法慧菩薩爲會主	入無量方便三昧	十住法門
夜摩天宮	如來放兩足趺光	功德林菩薩爲會主	入菩薩善思惟三昧	十行法門
兜率天宮	如來放兩膝輪光	金剛幢菩薩爲會主	入菩薩智光三昧	十廻向法門
他化天宮	如來放眉間毫相光	金剛藏菩薩爲會主	入菩薩大智慧光明三昧	十地法門
再會普光明殿	如來放眉間口光	如來爲會主	入刹那際三昧	等妙覺法門
三會普光明殿	此會佛不放光‧表行依解法依解光故	普賢菩薩爲會主	入佛華莊嚴三昧	二千行門
祇陀園林	放眉間白毫光	如來善友爲會主	入獅子頻申三昧	果法門

如天 無比

1943년 영덕에서 출생하였다. 1958년 출가하여 덕흥사, 불국사, 범어사를 거쳐 1964년 해인사 강원을 졸업하고 동국역경연수원에서 수학하였다. 10여 년 선원생활을 하고 1976년 탄허 스님에게 화엄경을 수학하고 전법, 이후 통도사 강주, 범어사 강주, 은해사 승가대학원장, 대한불교조계종 교육원장, 동국역경원장, 동화사 한문불전승가대학원장 등을 역임하였다.

2018년 5월에는 수행력과 지도력을 갖춘 승랍 40년 이상 되는 스님에게 품서되는 대종사 법계를 받았다. 현재 부산 문수선원 문수경전연구회에서 150여 명의 스님과 300여 명의 재가 신도들에게 화엄경을 강의하고 있다. 또한 다음 카페 '염화실'(http://cafe.daum.net/yumhwasil)을 통해 '모든 사람을 부처님으로 받들어 섬김으로써 이 땅에 평화와 행복을 가져오게 한다.'는 인불사상人佛思想을 펼치고 있다.

저서로 『무비 스님의 유마경 강설』(전 3권), 『대방광불화엄경 실마리』, 『무비 스님의 왕복서 강설』, 『무비 스님이 풀어 쓴 김시습의 법성게 선해』, 『법화경 법문』, 『신금강경 강의』, 『직지 강설』(전 2권), 『법화경 강의』(전 2권), 『신심명 강의』, 『임제록 강설』, 『대승찬 강설』, 『당신은 부처님』, 『사람이 부처님이다』, 『이것이 간화선이다』, 『무비 스님과 함께하는 불교공부』, 『무비 스님의 증도가 강의』, 『일곱 번의 작별인사』, 무비 스님이 가려 뽑은 명구 100선 시리즈(전 4권) 등이 있고 편찬하고 번역한 책으로 『화엄경(한글)』(전 10권), 『화엄경(한문)』(전 4권), 『금강경 오가해』 등이 있다.

대방광불화엄경 강설 제25권

| 초판 1쇄 발행_ 2015년 7월 9일
| 초판 3쇄 발행_ 2025년 3월 29일

| 지은이_ 여천 무비(如天 無比)
| 펴낸이_ 오세룡
| 편집_ 박성화 손미숙 윤예지 여수령 정연주
| 기획_ 곽은영 최윤정
| 디자인_ 고혜정 김효선 최지혜
| 홍보 마케팅_ 정성진
| 펴낸곳_ 담앤북스
　　　　　서울특별시 종로구 새문안로3길 23 경희궁의 아침 4단지 805호
　　　　　대표전화 02)765-1250(편집부) 02)765-1251(영업부) 전자우편 dhamenbooks@naver.com
　　　　　출판등록 제300-2011-115호

정가 14,000원